Gerd Eversberg
Theodor Storm lässt grüßen

Gerd Eversberg

Theodor Storm lässt grüßen

Beobachtungen aus dem Land des Schimmelreiters

BOYENS

Umschlagfoto: Oliver Franke

BOYENS
BUCHVERLAG

ISBN 978-3-8042-1274-9

Herstellung: Boyens Buchverlag
Druck: Boyens Offset, Heide
Printed in Germany

Inhalt

Ein Besuch mit Folgen

Nach unserem ersten Besuch in der Storm-Stadt vor mehr als einem Vierteljahrhundert waren wir anschließend durch den Kreis Nordfriesland bis fast an die dänische Grenze gefahren und hatten in Seebüll das Nolde-Museum mit seinem wunderschönen Garten besichtigt. Noch nie war mir aufgefallen, wie sehr Kunst mit einer Landschaft verbunden sein kann. Das Werk Noldes öffnete sich in einer ganz neuen Dimension. Plötzlich verstand ich, warum der Maler den Himmel rot und die Kühe blau gemalt hat. Ich begriff, warum der Mann mit den wilden Haaren in die Ferne blickte und wieso die Frau mit den prallen Brüsten sich immerfort im Kreis drehen musste. Ich konnte es ja draußen selber sehen: Die unendliche Weite des Himmels, die karge flache Landschaft, die sinnlichen Farbspiele, das unergründliche Schwarz der Teiche und Tümpel in der sinkenden Abendsonne. Und überhaupt das Licht! Mitte Juni will es fast nicht mehr dunkel werden. Noch nach 23 Uhr kann man draußen Zeitung lesen, und ein helles Lichtportal zeigt uns selbst noch um Mitternacht, wo die Sonne während ihres kurzen Wegseins im Norden scheinen muss. Und nicht nur für das Werk des Malers bekam ich einen neuen Blick, plötzlich verstand ich auch einen Roman ganz anders, der mir immer wichtig war, nämlich „Deutschstunde“ von Siegfried Lenz. Ich konnte die Welt zwischen Deich und Warften nun mit Siggis Augen sehen und begriff, warum der Maler trotz Malverbots weitermalen musste, verstand den Sinn der „Ungemalten Bilder“ und der kindlichen Rettungszwänge als ganz andere „Freuden der Pflicht“.

Wenn du nun einmal einen Teil deines Lebens im Norden zubringen musst, so sagte ich mir eines Tages bei unserer Rückfahrt, so musst du dir das Land auch kulturell aneignen. Am nächsten Tag kaufte ich mir eine Gesamtausgabe der Werke Storms und las die meisten seiner Novellen und viele Gedichte während unseres nächsten Urlaubs. Die eigentümliche Verbindung eines Kulturraums mit einem literarischen Werk hatte es mir plötzlich angetan. Ich fand sie in Gedichten und Erzählungen Theodor Storms wie in keinem Werk eines Autors, mit dem ich mich bisher beschäftigt hatte.

Was war es denn, das diese Begeisterung auslöste, was nimmt mich bis heute bei der Lektüre dieser Texte in Anspruch? Was interessiert mich an den fiktiven Welten, in denen erdichtete Personen ihr kleines Leben vollenden, in denen sie lieben und hassen, hoffen und leiden, sich freuen und fürchten, in dem sich ihr Geschick oft so unerbittlich erfüllt? Warum sprechen die erfundenen Menschen aus der Vergangenheit plötzlich zu mir? Weil man solchen Menschen auch heute noch hier hoch im Norden begegnen kann, wohl weniger. Weil wir selber noch immer dasselbe hoffen, lieben und wünschen, schon eher; aber das finde ich auch in anderen literarischen Texten. Weil ich die Räume, in denen der Erzähler seine Geschichten entfaltet, noch heute erleben kann, also die Häuser, Dörfer, Städte und den sie umgebenden Kulturraum zwischen Meer, Watten, Deichen, Marsch und Geest, das ist es, was mir die Lektüre von Storm-Texten so bedeutsam erscheinen lässt. Kein anderer der großen realistischen Erzähler hat sein Werk so sehr mit persönlichen Erfahrungen seiner Heimat verwoben wie Theodor Storm. Weder bei Fontane noch bei Keller, Raabe oder Meyer findet man eine so enge und sinnstiftende Einheit von Mensch und Landschaft, von Individualität und kultureller Zugehörigkeit.

Sich mit der Vergangenheit einer Region zu beschäftigen oder heute in ihr zu leben, das sind ganz verschiedene Dinge; das sollten auch meine Frau und ich erfahren, nachdem wir uns entschlossen hatten, nach Husum zu ziehen.

Heute, da sich unsere beruflich aktive Zeit ihrem Ende zuneigt, blicke ich auf die zwanzig Jahre an der Nordseeküste mit gemischten Gefühlen. Die Begeisterung für die Landschaft ist einer stillen Melancholie gewichen, die vielleicht auch Theodor Storm im Jahre 1880 dazu bewogen haben mag, seine Heimatstadt zu verlassen und ins südlicher gelegene Hademarschen zu ziehen. Dort fand er eine etwas hüglige Landschaft vor, die ihm im Alter offenbar mehr behagte als die weite, baumlose Öde der Marschen am Meer. Aber Erfahrungen konnte ich hier sammeln, die ich nicht missen möchte. Ich habe die abweisende Landschaft und ihre verschlossene Geschichte erforscht und glaube, manches davon begriffen zu haben.

Und die Menschen? Sie haben sich im 20. Jahrhundert mit vielen Zugereisten vermischt, aber noch immer erlebt man ihre ursprüngliche Wortkargheit. Ich habe interessante Menschen kennen gelernt und zu mir selbst ein anderes Verhältnis entwickelt. Eigentlich sagt man ja den Bewohnern von Küsteregionen nach, sie seien weltoffen, weil es ihnen leicht fällt, die angestammte Heimat auf dem Seewege zu verlassen. Aber es gibt nach wie vor auch andere Charaktere, solche, wie sie bereits von Theodor Storm in seiner Novelle „Eine Halligfahrt" beschrieben wurden: „Wenn wir jetzt auf unseren Deichen stehen, so blicken wir in die baumlose Ebene wie in eine Ewigkeit; und mit Recht sagte jene Halligbewohnerin, die von ihrem kleinen Eiland zum ersten Mal hieher kam: ‚Mein Gott, wat is de Welt doch grot; un et gifft ok noch en Holland !'"

Theodor Storms Schulzeit

„Theodor Storm? Kann man da denn noch Neues finden? Über den ist doch alles gesagt." Solche Äußerungen hört man häufig von Besuchern des Theodor-Storm-Zentrums in Husum. Und in der Tat, Leben und Werk des Dichters von „Pole Poppenspäler" und des „Schimmelreiter" gehören zu den besterforschten aller Autoren des 19. Jahrhunderts. Aber obwohl man so viele Details aus dem Leben bedeutender Realisten wie Storm, Fontane und Thomas Mann kennt, bleiben die Hintergründe ihrer ersten Schreibversuche doch seltsam unscharf.

Dies stellt sich beim größten Sohn Husums nun anders dar. Das verdankt die Storm-Forschung dem Archiv in der Wasserreihe, das dem Storm-Museum angeschlossen ist. Dort bemüht sich eine Handvoll Literaturfreunde, die internationale Storm-Forschung zu koordinieren. Von Husum gehen Impulse in alle Welt aus, um Leben und Wirken des Dichters von Marsch und Geest bis in alle Details aufzuhellen. Das Interesse für derartige Informationen ist da. Man muss nur einmal die Buchhandlung in der Krämerstraße besuchen, wo eine Tradition fortgesetzt wird, die bis in die erste Hälfte des 19. Jahrhunderts zurückreicht: Dort sind alle, wirklich alle lieferbaren Bücher von und über Theodor Storm vorrätig und darüber hinaus auch vieles, was bereits vergriffen ist. Und die hohen Auflagen der vielen Storm-Ausgaben, die fast alle belletristischen Verlage Deutschlands im Programm haben, beweisen, dass Storm heute mehr gelesen wird als zu Lebzeiten, ja dass er einer der meistgelesenen Autoren des 19. Jahrhunderts ist.

Fragen zum bedeutenden Sohn werden von Touristen überall in der „grauen Stadt am Meer“ gestellt, kommen aber auch von auswärts. Sie alle landen schließlich im Storm-Archiv, von wo aus sie nach bestem Wissen geduldig beantwortet werden. Darunter sind viele Anfragen von Wissenschaftlern, von professionellen Büchermachern, von Verlagen und anderen Kulturinstitutionen, aber auch von interessierten Laien. Erstaunlich, dass es dort überhaupt noch etwas zu erforschen gibt. Gerade da, wo man meint, alles schon gefunden zu haben, ergeben sich die größten Überraschungen. Anfang der neunziger Jahre wurden vier Gedichtveröffentlichungen Storms im „Husumer Wochenblatt“ entdeckt, die der Pennäler während seiner Schulzeit zum Druck gebracht hat. Dies war der Storm-Forschung bisher unbekannt geblieben.

Wenn man da genauer nachschaut, wo es sich scheinbar überhaupt nicht lohnt, kann man Erstaunliches entdecken; so konnte vor einigen Jahren ein bisher unbekannter Erzähltext identifiziert werden, eine Jahrmarkt-Schilderung, die der damals 17jährige Schüler 1835 im „Ditmarser und Eiderstedter Boten“ veröffentlicht hat, einem Wochenblatt, das im nahen Städtchen Friedrichstadt erschien, und in dem zur selben Zeit Friedrich Hebbel aus Wesselburen seine ersten Gedichte zum Druck brachte.

Aber auch regionale Archive enthalten viel versprechende Hinweise. An der Hermann-Tast-Schule, einem der beiden Gymnasien der Stadt Husum, gibt es noch heute die Bibliothek der alten Gelehrtenschule, die seit 1763 besteht und mehr als 25.000 Bände umfasst. Storm hat sie bereits als Schüler benutzt und entlieh auch später immer wieder Bücher, die er für Recherchen zu seinen Novellen brauchte. Zuletzt noch mehrere Werke bei der Niederschrift des „Schimmelreiter“, der 1888 im Todesjahr des Dichters herauskam.

Was dort kürzlich zu Tage trat, ist in der Tat erstaunlich. Storm wurde zum Schreiben durch den Unterricht in der Schule angeregt; seine ersten Gedichte und auch seine ersten Prosatexte sind nichts anderes als Fortsetzungen seiner Hausaufgaben. Dies ist umso überraschender, als es eine dogmatische Meinung über Storms Schulzeit gibt, die man in allen Biographien nachlesen kann: Storms Schule sei schlecht gewesen, seine Ausbildung veraltet, die Lehrer verknöchert, die klassische Bildung sei völlig an ihm vorbeigegangen; so hat es Gertrud, die jüngste Tochter des Dichters, schon 1912 in der Biographie ihres Vaters behauptet, so kann man es seit hundert Jahren in allen einschlägigen Darstellungen nachlesen.

Dies erwies sich aber als völlig falsch; Storms literarische Sozialisation hat in der Husumer Gelehrtenschule begonnen und wurde während der eineinhalb Jahre am Lübecker Katharineum nur vollendet, wo der Primaner die zeitgenössische Literatur für sich entdeckte. Das eigentliche Schreiben aber hat der junge Storm in der Schule gelernt. Hier hatte er vor allem Sprachunterricht: Die Schüler büffelten in zwei Dritteln ihrer Schulstunden Latein, Griechisch, Französisch, Dänisch und Deutsch.

Und der Unterricht war, wie die Schulprogramme und die alten Buchbestände belegen, recht modern ausgerichtet. Denn Storm und seine Kameraden mussten das tun, was heutige Deutschlehrer als große Errungenschaft moderner Pädagogik anpreisen, sie mussten „kreativ und produktiv" schreiben. So verlangten die Lehrer von den Sekundanern und Primanern, dass sie Texte der Klassiker aus dem Griechischen und aus dem Lateinischen nicht nur übersetzten, sondern sie mussten auch eigene Texte schreiben, in denen sie die antiken Vorbilder nachzuahmen hatten. Damit standen die Schüler in der Tradition der imitierenden Poesie des 18. Jahrhunderts und produzierten ähnliche Texte, wie sie in ihrer Schulbibliothek standen, in den Ausgaben von Lessing, Klopstock, Voss, Ramler, Schiller, Goethe, Hölderlin und anderen, die sie neben den Klassikern in ihren Originalsprachen häufig nach Hause entliehen.

Storm und seine Freunde ahmten diese Vorbilder nach; sie schrieben Versepisteln in der Sprache Homers, dichteten Elegien mit dem Pathos Hesiods, gaben Äsopischen Fabeln nach Phädrus lyrische Gestalt und imitierten die Oden des Horaz; das Ganze im Kontext ausführlicher Textanalysen und intensiver Beschäftigung mit den Prinzipien klassischer Rhetorik, Poetik und Verslehre. Von den rund hundert Gedichten, die Storm als Schüler geschrieben hat – sie werden als Handschriften im Storm-Archiv aufbewahrt –, sind etwa ein Drittel durch den Unterricht angeregt worden. Ein weiteres Drittel steht in der Tradition der damaligen Wochenblatt-Poesie, die einem verspäteten Rokoko frönte, und der Rest sind Natur- und Liebesgedichte, darunter einige, die von der Lektüre Heinrich Heines „Buch der Lieder" beeinflusst wurden.

Die Biographie des jungen Storm muss neu geschrieben werden; es war gerade die Schule in Husum, die dem angehenden Poeten wichtige Anregungen vermittelt hat. Neben den Übersetzungen und den Nachdichtungen antiker Formen wurde natürlich auch die griechische und lateinische Klassik erarbeitet und so ein Kanon antiker Tugenden entwickelt, der das Weltbild Storms nachhaltig geprägt hat. Aus dieser Quelle entsprang seine republikanische Kritik an den reaktionären Machtansprüchen von Adel und Kirche, die er später als „Gift in den Adern der deutschen Nation" charakterisiert hat. Seine solide humanistische Bildung hat bis in die späte Novellistik gesellschaftskritische Spuren hinterlassen.

Auch die skandinavische Literatur spielte für die Entwicklung Storms, der 1817 im Herzogtum Schleswig auf dem Territorium des Königreichs Dänemark zur Welt gekommen war, eine größere Rolle, als es nationalistische Germanisten in der ersten Hälfte des 20. Jahrhunderts wahrhaben wollten. Storm genoss wöchentlich mehrere Stunden Dänischunterricht und konnte zeitgenössische Texte in der Originalsprache lesen; das gehörte zur Grundbildung eines Gelehrtenschülers oder Gymnasiasten im Dänischen Gesamtstaat, zu dem das Herzogtum Schleswig bis 1864 gehörte.

Nachdem der angehende Dichter sich im Frühjahr 1837 an der Kieler Universität immatrikuliert hatte, um Jura zu studieren, setzte er seine poetischen Versuche aus der Schulzeit fort. Nun gewann er in engem Kontakt mit seinem Studienfreund Theodor Mommsen Distanz zu seinen ersten poetischen Versuchen und konnte im kritischen Umfeld der Kommilitonen seinen Interessen für volkskundliche Themen frönen. Man sammelte Sagen, Märchen, Lieder und Sprichwörter aus Schleswig-Holstein, und Storm nutzte jede Gelegenheit, seine Möglichkeiten im Umgang mit der deutschen Sprache weiter zu entwickeln. Er erprobte sich an verschiedenen Textsorten und fand in der Lyrik allmählich einen eigenen Ton, indem er Naturerfahrungen und Liebeserlebnisse poetisch verarbeitete. Die sprachliche Grundlage für seine spätere Meisterschaft aber hatte er bereits ein Jahrzehnt früher erworben, als er in Husum an der Gelehrtenschule gar nicht so ungern die Aufgaben löste, die ihm seine Lehrer verordnet hatten.

Wochenblattpoesie

In der ersten Hälfte des 19. Jahrhunderts lasen die Husumer ihr „Wochenblatt“, einen jener Vorläufer unserer Tageszeitungen, die in allen kleineren oder größeren Städten der Herzogtümer Schleswig und Holstein regelmäßig erschienen. In Husum erhielt der Buchdrucker Heinrich August Meyler 1811 ein Druckerei-Privileg und gab das „Königlich privilegirte Wochenblatt“ seit 1813 heraus. Diese Blätter waren in der Regel auf einem Bogen gedruckt, hatten einen Umfang von 8 Seiten und enthielten neben amtlichen Bekanntgaben vor allem Kleinanzeigen der regionalen Wirtschaft. Daneben wurden auch Nachrichten aus den Herzogtümern, aus Dänemark und der Welt gedruckt sowie Anekdoten und kurze Erzählungen. Die regelmäßigen lyrischen Beigaben setzten eine populäre Mode des 18. Jahrhunderts fort und stehen mit ihren Themen wie Liebe, Geselligkeit, Wein, Gesang und Tanz in der Nachfolge der Anakreontik, einer sich an antiken Vorbildern orientierenden Dichtungstradition der Barockzeit. Sie verweisen auf ein sorgenfreies Leben, lassen allerdings auch einen eher scherzhaften Gedanken an den Tod zu. Solche Gedichte standen noch um 1830 hoch in der Gunst der Leser; manche enthalten ritualisierte Anspielungen auf nur Eingeweihten bekannte Persönlichkeiten, ohne aber wirklich individualisierte Empfindungen zum Ausdruck zu bringen. Ihre Funktion besteht allein in der Beschwörung eines längst im Niedergang befindlichen Geselligkeitskultes. Man findet da Gedichte zu den Jahreszeiten, Widmungen an allerhöchste Persönlichkeiten aber auch Erbauliches. In den späten zwanziger Jahren und vor allem nach 1830 kamen Rätselgedichte zum Abdruck, durch die das Publikum zum Mitmachen angeregt wurde.

Im Wochenblatt las auch der junge Theodor Storm solche lyrischen Ergüsse, die ihn zur Nachahmung anregten. Seine ersten Gedichthandschriften datieren von 1833; in den beiden folgenden Jahren hat er eine ganze Reihe von kleinen Dichtungen verfasst, bei denen er sich an Vorbildern im „Husumer Wochenblatt" orientierte. Hier fand er Gereimtes von Christian Ulrich Beccau (1809-1867), einem jungen Advokaten in Husum, der auch Schüler der Gelehrtenschule war. Beccaus Gedichte erschienen 1836 im Verlag des Husumer Wochenblattes sogar als Buch. In den 1840er Jahren entwickelte sich zwischen den beiden Juristen eine enge Freundschaft.

Aber auch an anderen Vorbildern orientierte sich der angehende Poet, so an Henriette Freese, deren Texte in schleswig-holsteinischen Wochenblättern veröffentlicht wurden. Sie war 1801 auf Gut Dollroth in Angeln bei Schleswig geboren, lebte in Hamburg und Altona, wo sie sich in den 1820er Jahren als Schriftstellerin betätigte und mit Amalie Schoppe bekannt war, einer erfolgreichen Autorin aus Hamburg, die den jungen Friedrich Hebbel förderte. Nach ihrer Verheiratung mit dem Zahnarzt Friedrich Neupert in Schleswig (1830) veröffentlichte sie unter ihrem Mädchennamen Gedichte und Erzählungen in schleswig-holsteinischen Zeitschriften. Storm hat Texte von ihr und von ihrem Mann, der ebenfalls dichtete, im „Husumer Wochenblatt" gelesen; 1833 veröffentlichten die beiden hier sechs Poeme und einige Aphorismen, 1834 zwei Erzählungen und vier Rätselgedichte. Henriette Freese starb 1855 in Schleswig.

Ihre Gedichte müssen einen nachhaltigen Eindruck auf den jungen Storm gemacht haben, denn in seiner Sammelhandschrift findet sich folgendes Widmungsgedicht, das er Anfang des Jahres 1834 eingetragen und „An Henriette Freese bei Übersendung eines Lorbeerzweigs" überschrieben hat. Darin heißt es: „Nimm hin, o Dichterin, berühmt in Deutschlands Gauen,/ Nimm hin den Musenlohn, bekränze dir das Haupt!"

Die erhaltenen Gedichte aus dieser Zeit zeigen, dass Storm mit allen gängigen Formen und Versmaßen experimentierte; so enthält seine Handschrift Beispiele für alle damals beliebten Rätselgedichttypen, aber auch Paraphrasen von antiken Texten, in denen er verschiedene klassische Versmaße nachahmte. Bis Ende 1835 hat Storm 42 Gedichte in sein Büchlein „Meine Gedichte" eingetragen; etwa ein Drittel davon lassen Einflüsse des Unterrichts an der Husumer Gelehrtenschule erkennen, die übrigen sind Rätselgedichte und Liebeständeleien, die der Wochenblattpoesie nachempfunden wurden.

Am 27. Juli 1834 erschien im „Husumer Wochenblatt" „Sängers Abendlied", bei dem es sich nach dem heutigen Stand der Forschung um das erste gedruckte Gedicht des damals sechzehn Jahre alten Schülers handelt. Dieses und weitere Gedichte hat er mit dem Kürzel „St“ versehen, wohl weil sein Vater regelmäßig Anzeigen schaltete, die im Zusammenhang mit seiner Tätigkeit als Advokat und Koogschreiber der Südermarsch standen und sein noch nicht erwachsener Sohn als Poet die Anonymität zu wahren hatte.

Sängers Abendlied

Meiner Leier frohe Töne schweigen
Bald in stille Todesnacht gehüllt;
Dort, wo sich die Zweige trauernd neigen,
Find ich Ruh'; mein Sehnen ist gestillt.

Wenn des Lebens zarte Fäden reißen,
Streut Zypressen auf des Sängers Grab,
Singt noch einmal mir die alten Weisen,
Senkt mir meine Leier mit hinab.

Dort entfliehen eitle Erdensorgen,
Unsre Seele strebt dem Höhern nach. –
Sieh' es dämmert schon im Ost der Morgen,
Doch mein Morgen ist erst jenseit wach.

Dieses Lied ist – wie viele andere Gedichte in den Wochenblättern auch – an der Lyrik des späten 18. Jahrhunderts orientiert, und imitiert die Literatur des Rokoko. Natürlich schrieb Storm auch eine Reihe von Liebesgedichten, darunter mehrere, die vielleicht fiktiven, vielleicht auch wirklichen Geliebten gewidmet waren. Dass der Dichter zu diesem Zeitpunkt bereits versuchte, seine jugendliche Verliebtheit in konventionellen literarischen Gesellschaftsspielen zu überhöhen, zeigen weitere Spuren im „Husumer Wochenblatt". Im „Briefkasten", einer das Heft mit dem Impressum abschließenden Spalte mit oft nur für den entsprechenden Einsender von Gedichten und Erzählungen verständlichen Nachrichten, findet sich im Mai 1835 folgender Hinweis: „‚Der Entfernten' soll nächstens das volle Herz des Sängers zu Füßen gelegt werden." Das Gedicht selber hat der Buchdrucker Heinrich August Meyler aber erst 1836 veröffentlicht. Da befand sich Storm bereits in Lübeck und besuchte die Prima des dortigen Katharineums. Die erste Strophe lautet: „Eilende Winde/ Wieget euch linde/ Säuselt mein Liedchen der Lieblichen vor;/ Vögelein singet,/ Vögelein bringet/ Töne der Lust an ihr lauschendes Ohr."

Schon im Jahrgang 1835 des Blattes finden sich zwei Rätselgedichte Storms, und zwar Scharaden, also Silbenrätsel, bei dem das zu erratende Wort in mehrere, für sich selbständige sinnvolle Silben zerlegt wird. Der Sinn der einzelnen Silben und des ganzen Wortes wird durch Umschreibungen angedeutet. Und am 26. Juli 1835 folgte ein Silbenrätsel, das an eine „Auguste" gerichtet und mit „Theodor" unterschrieben ist: „Wie mancher fühlt' als Dich er sah/ Das Erste schon dem Zweiten nah',/ So sehr bei minderer Gefahr/ Er von Natur das Ganze war."

Charaden sind Rätsel in Gedichtform; gesucht ist ein Wort, das aus mehreren Silben besteht. Das Gesuchte ist derart verschlüsselt, dass die Auflösung zwar Scharfsinn und ein gewisses Sachwissen erfordert, aber grundsätzlich möglich ist. Die Verschlüsselungen beruhen oft auf einer semantischen Mehrdeutigkeit oder Paradoxie. Im 18. Jahrhundert wurde das Rätsel vor allem Gegenstand der Kinderliteratur, gewann aber dann noch einmal im frühen 19. Jahrhundert eine gesellschaftliche Funktion wie unser Beispiel aus Husum. Die Lösung dieser Charade lautet „Herzhaft“, wie das Wochenblatt seinen Lesern eine Woche später mitteilte.

Da weder im Freundeskreis noch im „Husumer Wochenblatt“ der Name Theodor noch einmal vorkommt, ist die Autorschaft Storms sehr wahrscheinlich, denn es war üblich, derartige spielerische Tändeleien mit den Vornamen der beteiligten Personen zu zeichnen, um eine gewisse Pikanterie im Freundes- und Bekanntenkreis zu erzeugen. Wer mit „Auguste“ gemeint war, wussten nur Eingeweihte. Vermutlich handelte es sich um Auguste von Krogh, die Tochter des Husumer Amtmanns, zu deren Familie die Storms eine sehr herzliche Beziehung hatten.

Hans Ernst Godsche von Krogh war seit 1826 Amtmann der Ämter Husum und Bredstedt mit Sitz in Husum sowie Oberstaller von Eiderstedt. Aus seiner Ehe mit Agnes von Warnstedt – sie starb 1829 – waren vier Kinder hervorgegangen. Ferdinand Christian Hermann von Krogh (geboren 1815) war Mitschüler Storms an der Gelehrtenschule; Auguste (geboren 1811) war die älteste von drei Schwestern (Louise, geb. 1819 und Charlotte, geb. 1827). Zu Auguste muss der junge Theodor Storm eine tiefe Zuneigung empfunden haben. Die Freundschaft mit den Kindern der Familie von Krogh setzte Storm auch nach seinem Studium in Kiel fort; in den 1840er Jahren organisierte die Jugend der beiden Familien gesellige Veranstaltungen, und man traf sich in Storms Gesangverein.

Ob Storm sich später, als er 1870 seine autobiographische Skizze „Der Amtschirurgus – Heimkehr" für die „Zerstreuten Kapitel" konzipierte, an diese Auguste erinnert hat, muss Vermutung bleiben, jedenfalls beschreibt er seinen eigenen Auftritt bei den alljährlich Ende September zu Michaelis stattfindenden Redefeierlichkeiten der Husumer Lateinschüler und erzählt dort von einer ganz persönlichen Wahrnehmung: „unter den Zuhörerinnen hatte ich ein Paar wohlbekannte vergißmeinnichtblaue Augen entdeckt, die mit dem Ausdruck zarter Fürsorge auf mich gerichtet waren."

Neun Jahre später, am 5. Mai 1844, heiratete „Guste", wie sie im Freundeskreis genannt wurde, den zweiten Stadtsekretär von Altona, Johann Christian Hilmers. Anlässlich dieser Hochzeit widmete Storm, der zu diesem Zeitpunkt bereits mit Constanze Esmarch verlobt war, ihr das Gedicht „An Auguste von Krogh", in dem es heißt: „Doch darfst du nicht so leicht von hinnen gehen,/ So leicht erwerben nicht dein neues Glück;/ Den Himmel mußt du erst durch Tränen sehen;/ denn viele Liebe läßt du hier zurück."

Allerdings war Auguste von Krogh sechs Jahre älter als Storm und wird im Jahre 1835 die Zuneigung des noch nicht achtzehnjährigen Primaners kaum erwidert haben. Denkbar als Adressatin ist daher auch ein anderes Mädchen gleichen Namens, nämlich Auguste Hedwig

Rehder, die Tochter des Kaufmanns, Ratsherren und Abgeordneten der Schleswigschen Ständeversammlung, Peter Heinrich Rehder. Auch dieses Mädchen gehörte zu Storms Bekanntenkreis, ihr Vater war mit Storms Vater befreundet und ihr Bruder Franz Heinrich Simon besuchte die Husumer Gelehrtenschule. Welche nun von den Husumer Mädchen oder Frauen dieser Zeit gemeint war, wird wohl für immer ein Rätsel bleiben.

Der Grieper

Husum hat einen Marktplatz, den Kenner für einen der schönsten Plätze im nördlichen Deutschland halten. Seit vielen Jahrhunderten schon findet auf ihm donnerstags der Wochenmarkt statt, und Theodor Storm hat diese Tradition seinen Lesern in mehreren Novellen lebendig vor Augen gestellt. In einem seiner frühen Schwänke aus dem Jahr 1845, „Der Grieper und sein Herr", erzählt er uns von so einem Donnerstag, an dem die Marktordnung bestimmte, dass auf dem Wochenmarkt bis 11 Uhr nichts an Auswärtige verkauft werden durfte. Da kam zur Unzeit eine feine Dame aus einer Nachbarstadt und kaufte einer wohlbeleibten Bauersfrau einen Korb mit fünfzehn wohlgenährten Küken ab. Das sah der Grieper, der Polizeidiener des Bürgermeisters, der sich hämisch auf die ihm Dank seiner Aufmerksamkeit zustehende Vierschillingsgebühr freute, und schleppte sie samt des Corpus delicti zu seinem Dienstherren. Der beschlagnahmte den Korb, konnte sich aber zu keiner Strafe durchringen und ließ die arme Frau zweimal vergebens wiederkommen. Bei der dritten Nachfrage beschied er der genervten Dame in seiner plattdeutschen

Mundart: „Ja lütje Frau; as ick är seggt hev, dat is so Gott en krit'schen Fall, aver ick hev mi daröver bedacht. Ick hev mi veer von de besten utsöcht. Damit is de Saak afmaakt; aver do se't um Gott'swillen nich wedder!" (Ja kleine Frau, wie ich Ihr gesagt habe, das ist bei Gott so ein kritischer Fall, aber ich habe darüber nachgedacht. Ich habe mir vier von den besten ausgesucht. Damit ist die Angelegenheit erledigt, aber machen Sie das um Gotteswillen nie wieder!)

Heutzutage dürfen die Besucher der Stadt bereits um sieben Uhr früh einkaufen, ohne vom Polizeidiener zur Rechenschaft gezogen zu werden; wer aber glaubt, es gebe keinen Grieper mehr, der irrt gewaltig. Er (oder sie, denn es gibt ihn auch in weiblicher Ausführung) läuft noch immer durch die Straßen, nur trägt er jetzt eine städtische Uniform und soll sich um den ruhenden Verkehr kümmern. Das tut er denn auch mit Hingabe und vermittelt den eventuellen Sündern durch seine sauertöpfischen Grimassen das Gefühl, sie hätten ihn durch ihre Untaten auf Gröbste in seinen moralischen Grundfesten verletzt. Und wehe dem Marktbesucher aus Friedrichstadt, Freiburg oder Frederikshavn, der sich mit den für Auswärtige oft schwer zu durchschauenden Parkvorschriften in der Innenstadt herauszureden versucht! Den verwarnt er sogleich – wenn auch nicht hämisch, so doch nachdrücklich – mit dem Hinweis, jedes weitere Wort könne als Beleidigung aufgefasst werden. Also: Diskussion nein! aber Ordnung muss sein! so ist es heute und so war es früher auch schon.

Die wesentliche Grundlage für die Entwicklung des Marktverkehrs war schon immer ein besonderer Friede und Rechtsschutz, der dem Markt und seinen Besuchern zuteil wurde. Die öffentliche Gewalt hatte durch Erlass von Anordnungen für Sicherheit, Regelmäßigkeit usw. zu sorgen. Die erste Husumer Marktordnung stammt aus dem Jahre 1493 und regelte, wann und in welchem Umfang fremde Kaufleute ihre Waren den Kunden in der Stadt anbieten durften. In der Folgezeit wurden Vorschriften für die Wochenmärkte und die beiden Krammärkte erlassen, die jeweils eine Woche dauerten. 1582 verordnete Herzog August von Gottorf eine Gerichts- und Polizeiordnung. Seit 1607 gab es zweimal jährlich spezielle Pferde- und Viehmärkte, die Anfang Januar und Ende August stattfanden und jeweils drei Tage dauerten. Auch heute noch gilt eine strenge Marktordnung und ein Marktmeister wacht über ihre Einhaltung. Für die seelische Ordnung ist wie von jeher die Kirche zuständig; punkt 10 Uhr läuten die Glocken der Marienkirche und rufen alle Christenmenschen zum Marktgottesdienst.

Pfingst- und Michaelismarkt waren Krammärkte, die sich von dem dreimal abgehaltenen Wochenmarkt durch den größeren Umfang des zulässigen Verkehrs und durch das Angebot von Fabrikaten aller Art unterschieden. Jene wurden dienstags, donnerstags und sonnabends abgehalten und boten den Käufern vor allem Lebensmittel (Butter, Käse, Grünzeug, Geflügel sowie Brennmaterial) an. Die Jahrmärkte wurden nicht nur von Husumer Kaufleuten beschickt, sondern auch von auswärtigen Händlern, wie aus den Anzeigen im „Husumer Wochenblatt“ hervorgeht. Neben „Manufactur-Waaren“ wurden da „Modewaaren“, „Damenhüte“, „Gewürz- und

Farbenwaaren“ sowie „Bücher, Musikalien, Landcharten u.s.w.“ angeboten. Die auswärtigen Händler stellten ihre Waren vor allem in den Häusern der Krämerstraße aus; der Buchhändler Koch aus Schleswig zum Beispiel baute seinen Stand in den Räumen der Gelehrtenschule auf, deren Schüler und Lehrer für diesen Zeitraum Ferien hatten. Darüber hinaus errichtete man Buden, in denen es Waren aller Art zu kaufen gab. Der durch die mächtige mittelalterliche Marienkirche eingeschränkte Marktplatz wurde durch den Abriss der gotischen Kirche vergrößert und blieb es auch nach Einweihung des Nachfolgebaus im Jahre 1834, so dass zu des jungen Storms Zeiten einige hundert Buden zu den beiden Jahrmärkten in Husum aufgestellt werden konnten.

Probleme an Markttagen gab es immer schon. Vor 170 Jahren mussten die Bürger Husums selber für Ruhe und Ordnung sorgen, da es – außer dem Grieper – keine Marktpolizei gab. Der Bürgermeister und Stadtsekretär Philipp Christian Lüders veröffentlichte mit Datum vom 23. Mai 1835 im „Husumer Wochenblatt“ einen öffentlichen Aufruf, in dem er im Namen des Rates der Stadt bestimmte: „daß während des bevorstehenden Pfingstmarktes die Bürgerpatrouille auf eben dem Fuß wie früher geschehen, vom 25. Mai bis den 1. Juni d. J., beides inclusive, herumgehen und mit vigiliren [wachen] solle, daher Jeder, dem dazu die Ansage geschieht, eine taugliche Mannsperson unausbleiblich zu stellen hat.“ Und der Aufruf schließt mit dem Hinweis: „Die angesagten Bürger sowohl als deren Stellvertreter haben sich ohne erst das Zeichen durch die Trommel abzuwarten, Abends präcise 9 Uhr auf dem Rathause einzufinden.“ Natürlich war es den gut situierten Bürgern wie Handwerksmeistern oder Kaufleuten gestattet, einen ihrer Knechte oder sonst jemanden an ihrer Stelle zu schicken. Nötig war diese Maßnahme wohl vor allem deshalb, weil Markttage allerlei licht- und arbeitsscheues Gesindel anlockten, das hoffte, sich hier und da etwas auf unredliche Art und Weise aneignen zu können, wovor sich die Bürger natürlich schützen mussten. Heute ist es eher umgekehrt. Statt der Taschendiebe, die etwas mitgehen ließen, kommen die Touristen, die etwas zurücklassen, worüber sich die Geschäftsleute in der Stadt freuen.

Wieso der Husumer Markt durch ein Trommelzeichen „eingeläutet" werden musste, erklärt Theodor Storm in seinen autobiographischen Notizen „Aus der Jugendzeit", in denen er einige wunderliche Gestalten aus seiner Knabenzeit beschreibt. Die Marienkirche war wegen Baufälligkeit im Jahre 1807 abgebrochen worden, – „De Tönninger Torn is hoch un spitz, de Husumer Herrn hemm Verstand in de Mütz", reimte derzeit der Volkswitz – deshalb waren keinen Glocken mehr da, so dass ein gewisser „Peter Runtum" den Pfingst- und Michaelisjahrmarkt eintrommeln musste. Und ein anderes Husumer Original, genannt „Jochum Pingel", zog an der kleinen Glocke, die bei dem St. Jürgensstift, dem so genannten „Kloster" hing. Das nannten die Husumer „bingeln", konnten es aber schon auf ihrem großen Marktplatz kaum noch hören, da die Glocke ihre dünnen Töne draußen vor der Stadt erklingen ließ.

Süderstapler Dütjendanz

Am 30. April 1835 näherten sich mehrere Primaner aus Husum dem Dorfe Süderstapel; sie kamen aus der kleinen Eidersiedlung Friedrichstadt. Ob sie mit einer Kutsche fuhren oder bloß mit Pferden unterwegs waren? Einer von ihnen glaubte, sich viele Jahre später daran erinnern zu können, dass sie hoch zu Ross geritten seien. Es war die Zeit der Frühjahrsmärkte, und die Husumer Gelehrtenschule hatte ihren Zöglingen für die Markttage Ferien bewilligt.

Die Landschaft Stapelholm, westlich von Schleswig zwischen den drei Flüssen Eider, Treene und Sorge, liegt wie eine Insel auf einem Geestrücken inmitten einer ausgedehnten Niederung. Wenn es stimmt, dass die Husumer Pennäler in die Mühlenstraße einritten, so kamen sie an der richtigen Stelle des Dorfes an, denn in einer Biegung, wo sich die Straße platzartig erweitert, waren Pfähle in die Erde gerammt, an denen die Bauern ihr Vieh anbinden konnten. Dorf auswärts schloss sich ein Pferdemarkt an.

Das Dorf Süderstapel wurde 1260 erstmals erwähnt,

war Gerichtsstätte und entwickelte sich in der frühen Neuzeit zum Wirtschafts- und Verwaltungszentrum der Region. Die Siedlung am hohen Eiderufer war Sitz des Landvogts und wurde bis ins 20. Jahrhundert hinein vor allem durch die Landwirtschaft geprägt. Einer alten Chronik zufolge veranstaltete man bereits im späten Mittelalter einen weithin bekannten Jahrmarkt, der erst durch das Aufblühen des Husumer Marktes an Bedeutung verlor. Mitte des 17. Jahrhunderts wurde das Marktrecht erneuert. Damals fand er dreimal jährlich statt und dauerte jeweils vier Tage. Seit 1758 ist nur noch von zwei Märkten die Rede, auf denen im Frühjahr und Herbst jeweils Kramwaren, Vieh und Pferde feilgeboten wurden. Die Tradition des Stapler Marktes, wie er kurz hieß, wurde bis zur Mitte des 20. Jahrhunderts fortgesetzt. Im 18. und 19. Jahrhundert hatten Vieh- und Krammarkt überregionale Bedeutung; sie fanden zwischen Ostern und Pfingsten und zu Michaelis (29. September) jeweils von Freitag bis Sonntag statt.

Die jungen Männer schlenderten zunächst über den Krammarkt, der sich von der Kirche bis zur Landschreiberei und entgegengesetzt bis zur Bürgerglocke erstreckte, er war die Attraktion für Jung und Alt. Es gab zwischen den Buden mit Waren aller Art Karussells, Schießbuden und ein Kasperletheater; Orgelspieler, Degenschlucker, Zauberer und andere Schausteller unterhielten die Leute. Ein zeitgenössischer Augenzeuge berichtet: „Auf dem Krammarkt war alles zu haben, was das Herz begehrte, und mancher stellte für das ganze Jahr die Einkäufe zurück, um auf dem Stapeler Markt zu kaufen. Man fand hier alles von den ordinärsten Galanteriewaren bis zu den besten Gold- und Silbersachen, von den schweren Reiterstiefeln bis zu den schönsten Tanzschuhen, weiter alle Erzeugnisse der Holzfabrikation, Seilerwaren, Pfeifenartikel, Spielwaren und vieles mehr. Bemerkenswert ist noch der Umstand, daß alle Schuhwarenhändler die ganze Straße nach der Landschreiberei in doppelter Reihe besetzt hielten." Und in einem anderen Bericht über den ein halbes Jahr später stattfindenden Herbstmarkt heißt es: „Die Verbindung des Krammarktes mit dem Vieh- und Pferdemarkt erweist sich gerade so nützlich. An Kramwaren werden eben die Gegenstände feil geboten, die in ländlichen Haushaltungen gebraucht werden. Es fehlt fast keine Ware, welche Landleute gebrauchen. Der Handel in Kramwaren ist sehr bedeutend, wofür die Tatsache zeugt, daß 150 bis 200 Krambuden aufgestellt werden."

Die Besucher kamen nicht nur aus Husum, Nordfriesland und Dithmarschen, manche reisten von weit her an, einige aus entfernten deutschen Ländern; man sah Händler aus Hannover, Sachsen, Preußen und Russisch-Polen. Was unsere Husumer Jungmänner aber vor allem angelockt hatte, war die Tatsache, dass das Dorf eine Reihe von Gastwirtschaften besaß und dass zusätzlich die Anlieger der Marktstraßen das Schankrecht hatten. Abends traf man sich in den Wirtschaften zum Tanz. Wie das zuging, hat ein gewisser „St..." ein paar Tage später in einem Marktbericht beschrieben, den er in dem in Friedrichstadt erscheinenden „Ditmarser und Eiderstedter Boten" vom 30. April 1835 veröffentlichte: „Wir gingen sogleich in das erste beste Haus und drängten uns mit in den Schwarm der gaffenden Bauern, welche in gedrängtem Kreise die Tanzenden umstanden, die auf der Diele den wirbelnden Staub wölkten und durch ihre originellen und geräuschvollen Wendungen unsern Ohren und Augen Unterhaltung gewährten, während andre sich zechend und singend in der Schenkstube unterhielten."

Nur wenigen Lesern war bekannt, dass sich hinter dem Kürzel „St..." der erst 17jährige Sohn des renommierten Advokaten Casimir Storm verbarg, Spross der bedeutenden Kaufmannsfamilie Woldsen und Primaner der altehrwürdigen Husumer Gelehrtenschule. Aber er und seine Mitschüler hatten den weiten und beschwerlichen Weg nicht bloß wegen gemeiner Tanzveranstaltungen zurückgelegt, sie waren an etwas ganz Besonderem interessiert. Storm beschreibt dies so: „Nachdem die jungen Burschen eine geraume Zeit schon sich des Jubelns und Springens erfreut hatten, sagte man uns, nun ginge es an's Weinen, und auf die erbetne Erklärung erhielten wir zu Antwort, es sei da im Dorfe so der Brauch, einmal vom Tanzen abzubrechen und sich mit einer Schönen in ein anstoßendes Zimmer zu verfügen, wo man mit seiner Donna singe, scherze und weine, d. h. Wein trinke. Der Spaß mußte mitgemacht werden. Wir zogen demnächst einige handfeste Stapelholmerinnen halb mit gutem Zureden, halb mit Gewalt in das mysteriöse Zimmer, von denen jedoch Einige bei den lockern Stadtleuten für ihren Ruf zu fürchten schienen, Andre aber mit großer Resignation sich in ihr Schicksal ergaben und ruhig unsern Wein und unsre Küsse hinnahmen, ja sogar mit lauter Stimme unsre Gesundheit ausbrachten – und die Bauern schmetterten die Gläser zusammen und reichten uns die Hände." Und wenig später fährt Storm fort: „Wir gingen wieder auf die Diele hinaus. Wer einmal geweint hatte, genirte sich nun auch nicht, vor hunderten von Zuschauern sein Mädchen zu herzen, und so wurde denn getanzt und geküßt bis 4 Uhr und dann ein Punktum gesetzt, um am andern Morgen die Fortsetzung zu liefern."

Von dieser freizügigen Schilderung hat sich ein gewisser Peter Meyer beleidigt gefühlt, denn nur vierzehn Tage später veröffentlichte dasselbe Blatt unter der Überschrift „Expectorationen" einige „Herzensergießungen", in denen Meyer durch sein witziges Wortspiel mit dem „Sturm" unmissverständlich auf den Urheber verweist: „Wenn St…, den wir von jetzt an, da wir seinen wahren Namen nicht wissen, lieber unter der Benennung >Sturm< uns denken wollen, […] im Eingange seiner Aufschneiderey die Bemerkung gemacht haben will, daß der Wirth – auf mich hindeutend – sich allemal selbstgefällig den Bart strich, wenn er von den jubelnden Gästen das Lob seiner wilden Musik erschallen hörte; so ist dies von ihm eine irrige vorgefaßte Meinung, die dahin zu berichtigen ist, daß der Wirth sich nur dann den Bart strich, und sich des Lachens und einer geheimen Schadenfreude nicht erwehren konnte, wenn der, seiner sauberen Gesellschaft incorporirte, lange St... in seinem höchst bacchantischen Zustande und in cannibalischer Wildheit mit seiner erkiesenen Dulcinea zu wiederholten Malen sich tanzend zu Boden streckte und im Uebermaaße der Freude seine Großmutter (die Erde) küßte."

Storms weniger sprachgewaltiger Opponent besaß zwei Bauernhäuser in Süderstapel und war „Musikpächter", hatte also die amtliche Genehmigung, zum Tanz aufzuspielen. Aus seinem Artikel lässt sich auch schließen, dass er während des Marktes jenes Wirtshaus betrieb, in dem die von Storm beschriebenen Ereignisse stattfanden.

Seit der Entdeckung dieses frühen Prosatextes Storms lässt sich ein Gedicht besser verstehen, das der Forschung einige bisher nicht lösbare Rätsel aufgab. Als 1861 im Berliner Verlag Schindler ein Band mit drei Novellen erschien, veranlasste Storm, der zu diesem Zeitpunkt in Heiligenstadt lebte und bereits ein bekannter Autor war, dass einigen Exemplaren ein Gedicht vorangestellt wurde, mit dem er das Buch seinem Vetter Fritz Stuhr widmete und dessen erste Strophe lautet: „Als der wackre Schulmeister zu Stapel einst/ Kritisiert meine erste Prosa,/ Da fiel auf dich, den Unschuldigen, auch/ Ein Rutenhieb sub rosa."

Wieso Storm den Musikus rückblickend als „Schulmeister" tituliert, bleibt unklar. Einen gleichnamigen Lehrer hat es in den 1830er Jahren weder in Stapelholm noch im Herzogtum Schleswig gegeben. Vielleicht hat Storm den Begriff auch metaphorisch verwendet, weil er sich durch Meyers „Expectorationen" geschulmeistert fühlte.

Mit von der Partie war also der aus Friedrichstadt stammende Fritz Stuhr, Sohn einer Schwester von Storms Mutter, mit dem den Dichter aus Husum eine enge Freundschaft verband, die bereits während der gemeinsamen Schulzeit in Husum begonnen hatte. Der „Rutenhieb sub rosa" verweist auf die „verblümte" Kritik, die Meyer in seiner Replik auf einen von Storms Begleitern münzte, weil dieser ein Trinkgeld schuldig geblieben war. Der um einige Jahre ältere Freund hatte schon 1833 die Gelehrtenschule verlassen und war nach einer Handelslehre in Altona in die Firma seiner Familie in Friedrichstadt eingetreten. Bereits eine Woche nach der Veröffentlichung wurde in der 19. Botenreise folgende Erklärung abgedruckt: „Die Redaction des Boten erklärt hiedurch auf Verlangen, daß der Aufsatz in der vorigen Reise: ‚Etwas über die Süderstapeler Marktnacht', nicht von dem Herrn Stuhr in Friedrichstadt stammt." Daraus kann man schließen, dass die Familie Stuhr durch die anonyme Jahrmarkts-Schilderung einigermaßen beunruhig war, denn der „Ditmarser und Eiderstedter Bote" wurde in Friedrichstadt gedruckt und als einziges regionales Wochenblatt in der Kleinstadt auch genau gelesen. Fritz war zwar erst 22 Jahre alt, aber er hatte nach dem frühen Tod seines Vaters gerade die Leitung der Firma seiner Familie übernommen, und die von Storm geschilderte Frivolität passte nicht ins Bild eines bürgerlichen Kaufmanns, dessen Vater öffentliche Ämter in der Stadt an der Treene bekleidet hatte.

Der Süderstapler Bauer und Marktwirt Peter Meyer konnte sich durch Storms Bezeichnung „Bierfiedler", der „in allen Kneipen [..] den entzückten Bauern zum Tanze die Ohren voll" kratzte, in der Tat beleidigt fühlen. Dass Storm einen solchen Mann so tituliert hat, kommt nicht von ungefähr. Er hatte bei der Konzeption seines Marktberichts aus der Bibliothek der Husumer Gelehrtenschule das vierbändige Holsteinische Idiotikon entliehen, ein um 1800 gedrucktes regionales Wörterbuch mit kulturgeschichtlichen Begriffen und Sprüchen aus Hamburg und Schleswig-Holstein; dort fand er unter dem Stichwort „Kroogfiddeler" folgende Erklärung: „Bierfiedler, Krugsspielmann." Und der Herausgeber Schütze druckt an dieser Stelle ein Spottgedicht über „Sprachmengerei und Titelsucht" ab: „Een Capplan let sik nömen Pastoor,/ een Quaksalver will heten Doktor,/ een Timmerknecht ward Buwmester genannd,/ een Krogsfiddeler ys Musicant,/ een Rottenfanger ys Kammerjäger – –"

Im Holsteinischen Idiotikon fand Storm unter dem Stichwort „Dütjendanz" eine Erklärung für das seltsame Treiben in Peter Meyers Wirtshaus: „In der Probstei Preez ist z.B. allgemeiner Brauch und Sitte, daß, wenn auf Landhochzeiten oder bei andern Gelegenheiten ein Tanz angestellt wird, nach dessen Ende die tanzende Mannsperson seiner Tänzerin einen Kuß zu geben verbunden ist. Dies heißt man den Dütjendanz. Thut man es nicht, so ist das ein Zeichen der Verachtung, und kann leicht statt eines Kusses Schläge erhalten." Ganz offensichtlich ist Storm also Zeuge eines dithmarscher Dütjendanzes gewesen („Dütjen heißt in Ditm. Küssen"), dessen Existenz in Stapelholm nur durch seine Schilderung überliefert ist. Überhaupt gibt sich der damals erst 17jährige Storm weltmännisch-erfahren, wenn er sich anmaßt zu bemerken: „Unter den Mädchen, die das Fest verschönten, sah man nur sehr wenige, die eigentlich für hübsch hätten gelten können, doch auch fast kein häßliches Gesicht."

Die geharnischte Standpauke Meyers mag wegen des unziemlichen Verhaltens des betrunkenen Pennälerhaufens verdient sein, vielleicht auch wegen der offensichtlichen Aufschneiderei Storms; die Kritik wird allerdings der literarischen Arbeit des angegriffenen Verfassers nicht gerecht. Dieser beweist nämlich zum Schluss seines Artikels, dass er seine punktuellen Beobachtungen, die er mit erstaunlichem handwerklichen Geschick zu einer über das einmalige Ereignis hinausweisenden Darstellung verdichten kann, mit einer besonderen kulturhistorischen Betrachtung zu würzen in der Lage ist. Dort erwähnt er nämlich die friedfertigen Bauern in jener Nacht und fügt eine Betrachtung über unrühmliche Bräuche der Landbevölkerung hinzu, die ihm aus vielerlei Erzählungen und vielleicht auch aus mittelbaren Erfahrungen vertraut gewesen sein müssen: „Die Männer schienen mir sehr friedfertig; es wurden die ganze Nacht hindurch keine Streitreden gehört und man möchte wohl in Zweifel sein, ob man den Grund davon in den schlechten Zeiten und in der Kraft- und Muthlosigkeit der Menschen, oder in den verfeinerten Sitten unseres Zeitalters suchen solle, oder ob eben die vorgerückte Cultur die Sitten zwar verfeinere, dadurch aber die moralische und physische Kraft des Menschen zu Boden drücke. – Unsern Vorfahren galt kein Fest etwas, wobei es nicht wenigstens derbe Schläge, ja sogar Mord und Totschlag gesetzt hatte, weßhalb sie auch immer bei solchen Gelegenheiten ihr Todtenzeug mit sich zu führen pflegten, um im Fall der Noth nicht ungeschmückt ins Grab zu sinken."

Zwischen den Dorfbewohnern nördlich und südlich der Eider führten Rivalitäten bis ins 20. Jahrhundert hinein häufig zu handfesten Auseinandersetzungen, die nicht selten in Messerstechereien ausarteten. Dass dies im 17. und 18. Jahrhundert weitaus schlimmere Ausmaße gehabt haben muss und sogar zu Fällen von Totschlag geführt hat, war Storm aus einer seiner damaligen Lektüren vertraut, die er für die zunächst haarsträubend anmutende Schlusspassage seines Artikels verwendete, in der er von einem seltsamen Totenbrauch berichtet. Er fand eine Beschreibung dieses Brauchs ebenfalls in Schützes Holsteinischem Idiotikon, wo es unter dem Stichwort „Dod" heißt: „Die alten Ditmarsen nahmen gewöhnlich, wenn sie zu Hochzeiten fuhren, ihr Dodentüg: Todtenzeug=Hemde, auf den Tod- und Nothfall mit, da es selten bei diesen Lust- und Saufgelagen ohne Streit, Schläge und Todte abgieng. Gleichgültig fragte man oft: wer is dodslagen? am Ende der Hochzeitfeste. (So lautet Tradition u. a. Kroniken.) Fragte einer den andern: wie gieng es bei der Hochzeit zu, so hieß es: dat Beer dög nig, dar is nüms dodslagen, et hefft sik man acht prügelt u.s.f." (Das Bier taugte nichts, da ist niemand totgeschlagen worden, es haben sich bloß acht geprügelt usw.)

Die Jahrmarktschilderung wirft einige interessante Schlaglichter auf einen Zeitraum im Leben Theodor Storms, über den man bisher recht wenig wusste. Es gelingt dem Verfasser, das bunte Treiben des ländlichen Frühjahrsmarktes mit wenigen Sätzen anschaulich zu skizzieren und die besondere Situation des Abends mit dem Höhepunkt der pikanten Tänze eindringlich wiederzugeben. Dabei setzt er seine Mittel mit erstaunlicher Sicherheit ein und führt den Leser mitten in das volle Menschenleben hinein; in einem schnellen Blick über den Markttag, der gerade zu Ende geht, wird Wesentliches angedeutet, der Viehmarkt, der Krammarkt sowie das unterhaltende Element der Gaukler und Künstler, um dann das Treiben in einem der vielen Wirtshäuser zu skizzieren. Auch hier folgt einer knappen Situationsschilderung die konzentrierte Andeutung des eigentlich Interessanten, des „Weinens", eines Brauchs, den die jungen Männer aus der Stadt weidlich für ihre Unterhaltung nutzen, bis 4 Uhr, wie es im Text heißt. Storm schließt diese Dokumentation des ländlichen Brauchtums mit Überlegungen zur Friedfertigkeit der Dorfbewohner sowie mit einer kulturhistorischen Anmerkung und empfiehlt sich seinen Lesern als Kenner der regionalen Kulturgeschichte. Wüsste der Leser nichts über das Alter des Verfassers, würde er ihn für bedeutend reifer halten, als man dies bei einem Lateinschüler vermuten könnte; einige Elemente der Schilderung, so auch der unvermittelte Gebrauch der wörtlichen Rede, verweisen auf stilistische Mittel, die der Erzähler Storm erst mehr als ein Jahrzehnt nach diesen Ereignissen entfalten wird.

Gelernt hat er das Schreiben im Unterricht an der Husumer Gelehrtenschule. Im Deutschunterricht wurde die Gestaltung von Reden und schriftlichen Ausarbeitungen gründlich geübt. Neben den Arten der Satzgefüge übten die Schüler ihre rhetorisch geschickte Verknüpfung zu Satzperioden und die rhythmische Gliederung der Konstruktionen. Eine Satzperiode, deren Teile einander grammatisch, logisch und rhythmisch wie die Glieder eines Organismus bedingen, war für die damaligen Pädagogen die sprachliche Voraussetzung der Dichtung. Sie überzeugt nur dann, wenn ein Gedanke sie fest umspannt und wenn die Neben- und Unterordnungen ein zuverlässiges Abbild der durchdachten und in sich geordneten Ausschnitte aus einer geistigen Welt entwerfen. Die in der Schule nach Dispositionen ausgeführten Aufsätze wurden diesen Mustern gemäß angelegt; dabei galt es, vom Lehrer gewählte Themen zu erörtern. In einem in der Husumer Schulbibliothek erhaltenen Buch für den Deutschunterricht wird als Thema für den Aufsatzunterricht die Beschreibung eines Jahrmarkts empfohlen. So ist es durchaus wahrscheinlich, dass die Veröffentlichung von Storms erster Prosa einer Hausaufgabe zu verdanken ist.

Der Quabeltrank

In der Mitte des 19. Jahrhunderts war es Mode, merkwürdige Geschichten zu sammeln. Die junge Generation der Gebildeten begeisterte sich für Märchen, Sagen und Lieder ihrer Heimat, die aufgeschrieben und in umfangreichen Sammlungen zum Druck gegeben wurden. So wie die Romantiker Achim von Armin und Ludwig Tieck es mit den Liedern in „Des Knaben Wunderhorn“, die Brüder Grimm mit ihren „Kinder- und Hausmärchen“ und den „Deutschen Sagen“ vorgemacht hatten, so suchten in allen Winkeln des deutschen Sprachraums geschichtsbegeisterte Schulmeister, Juristen und Pastoren nach Zeugnissen, die ihnen als poetische „Emanationen“ (Ausflüsse) der Volkskultur erschienen. Unter den begeisterten Sammlern, denen die Deutschen einen wichtigen Teil ihres späteren nationalen Selbstverständnisses verdanken, war neben dem jungen Husumer Advokaten Theodor Storm und dem gerade frisch promovierten Historiker Dr. Theodor Mommsen auch der Lehrer und Kantor C. P. Hansen aus Keitum auf Sylt. Ohne diesen heimatbegeisterten Sammler und Chronisten gäbe es heute sehr viel weniger Nachrichten und

Berichte vom Leben auf den Inseln sowie in den Marschen Dithmarschens, Eiderstedts und Nordfrieslands, und auch das im Norden noch immer gesprochene Friesische gehörte vielleicht schon zu den ausgestorbenen Sprachen.

Unter den historischen Nachrichten, die Hansen aus gedruckten und handschriftlichen Quellen extrahiert hat, findet sich neben diversen Berichten über Mord und Strandraub auf den Inseln Sylt und Föhr auch eine Nachricht über die ungastlichen Vorfahren der heutigen Bewohner des nordfriesischen Festlandes. Sie ist umso bemerkenswerter, als sich der zugereiste moderne Chronist gelegentlich genötigt fühlt, das alltägliche Verhalten seiner eingeborenen Mitmenschen aus der Perspektive der früheren Barbarei wahrzunehmen.

Vor ungefähr 150 Jahren machten sich die ersten Reisenden aus deutschen Landen auf, auch entferntere Gegenden ihres Sprachraums zu erkunden. In einem Handbuch für Badegäste und Reisende „Die nordfriesische Insel Sylt wie sie war und wie sie ist" aus dem Jahr 1859 beschreibt C. P. Hansen Eindrücke eines frühen Touristen, der es in den 1840er Jahren wagte, von Hamburg über Flensburg nach Sylt zu fahren: „Er fand die Gegend bis etwa eine Meile nördlich von Flensburg im Ganzen freundlich, mitunter reizend; dann aber änderte sich die Scene gänzlich. Vor ihm breitete sich jetzt im Norden und Westen eine unabsehbare Haide aus. Es grauete ihm vor der langweiligen Fahrt über die Haide, die ihm nun bevorstand. Er dachte: Je weiter nach Nordwest, desto rauer und wüster wird die Gegend, desto unfreundlicher und ungebildeter werden die Menschen."

Mit dieser ehrlichen Beschreibung wollte Hansen die potenziellen Besucher seiner geliebten Heimat aber gar nicht abschrecken, sondern seinen eigenen Landsleuten einen Spiegel vorhalten, damit sie auf Missstände aufmerksam wurden und Bereitschaft entwickelten, die Besonderheiten ihrer Heimat besser darzustellen. Denn ohne Hansens mahnende Worte wären viele der interessanten Eigentümlichkeiten friesischer Tradition und Lebensart bereits vor mehr als einhundert Jahren verschwunden; vielleicht hätten die Bewohner Sylts ihre Insel sogar verlassen und sie dem Spiel der Stürme und Wellen überlassen. Hart muss das Leben auf den Inseln und in den Uthlanden damals gewesen sein und immer wieder kann man von Auswanderungswellen lesen, da die kargen Ressourcen der seltsamen Landschaft das Überleben nicht gerade leicht machten.

In seinen Büchern über Sylt und die friesische Küste erzählt Hansen auch von den Seeleuten, die bei Sturm und Schiffbruch ums Leben gekommen und an den Strand angespült worden waren. Diese wurden als Fremde bis in die Mitte des 19. Jahrhunderts in den Dünen, wo man sie gefunden hatte, ohne Sarg im Sand verscharrt; erst 1854 legte man in Westerland abseits einen Friedhof für Heimatlose an. Im 17. und 18. Jahrhundert war auch der Strandraub noch an der Tagesordnung, und einzelne habgierige Sylter trieben es besonders arg. C. P. Hansen erzählt uns davon in der Sage vom Dikjendälmann, die in einem Manuskript enthalten ist, das er 1844 an Theodor Storm schickte, als der gemeinsam mit seinen Kieler Studienfreunden Sagen seiner friesischen Heimat sammelte. Hier einige Auszüge aus Hansens Handschrift:

»In dem Dünenthal Dikjendäl in der Gegend des alten Eidums strandete einst Anfang des 18. Jh. in einer Sturmnacht ein in Archsum wohnender Schiffer. Mit genauer Noth rettete er sich und seinen Geldkasten auf den heimathlichen Strand. Aber statt mitleidiger helfender Landsleute kamen raubsüchtige Strandbewohner, schlugen ihn mit Knitteln zu Boden und verscharrten ihn in den Sand. Noch einmal richtete er sich aus seinem Sandgrab in die Höhe, aber mit Gewalt traten die Räuber den Kopf des Unglücklichen in den weichen Sand hinein und als doch noch wieder der Arm emporstrebte, hieben sie ihm die rechte Hand ab und schleppten den Geldkasten mit sich fort. Seitdem wandert allnächtlich in jenem Dünenthal ein bleiches blutiges Gespenst, den verstümmelten Arm emporstreckend, den nennt das Volk den Dikjendälmann.«

Diese Sage hat Theodor Storm zur Müllenhoffschen Sammlung beigetragen, die 1845 in Kiel unter dem Titel „Märchen, Sagen und Lieder der Herzogthümer Schleswig, Holstein und Lauenburg“ im Druck erschien. Als Sammler interessierten ihn unter anderen Geschichten, in denen die Untaten herzloser Adliger angeprangert wurden, die ihre Untergebenen misshandelten. Hartherzigkeit und Brutalität im Umgang der Menschen miteinander zieht sich als ein Leitfaden durch Storms gesamte Novellistik. Im hohen Alter hat er das Thema des Strandraubs noch einmal aufgegriffen, als er plante, diese Unsitte für eine Sylter Novelle zu bearbeiten. Dazu ist es allerdings nicht mehr gekommen, da der Tod den Dichter im Juni 1888 an weiteren Arbeiten hinderte. Mittlerweile hatten sich die Inseln Föhr und Sylt zu Sommerfrischen gemausert und schickten sich an, Badeorte für exklusives adeliges und bürgerliches Publikum des aufstrebenden Deutschen Reichs zu werden.

Aber auf Sylt musste die Gastfreundschaft für noch lebende Besucher erst gelernt werden, denn die Vorfahren der heutigen Marsch- und Inselbewohner waren gegenüber Fremden alles andere als freundlich. Zwei Chronisten des 17. Jahrhunderts, die Brüder Anton und Heinrich Heimreich, beschreiben im Zusammenhang mit dem Untergang des sagenhaften Fleckens Rungholt folgende Unsitte, die in der frühen Neuzeit an der Nordseeküste noch weit verbreitet war. Übermütige Bauern verschworen sich demnach, einem Priester einen Streich zu spielen und ihn zu zwingen, einer trunkenen Sau das Abendmahl zu spenden. Als er sich weigerte, drohten sie ihm, ihn „Quabeldrancken – welches nach alter Fresischer art so viel hetset, als in die grube stoßen, und im drittentheil des Strandiger Land Rechts artic: 35 bei halsstraffe ist verbothen“ wurde. Den von Magister Henricus (Heinrich) Heimreich erwähnten „Quabeltrank oder die altfriesische Fremdenprobe“ erklärt C. P. Hansen 1844 in einem Brief an den Kieler Germanisten und Sagensammler Karl Müllenhoff folgendermaßen: „Der Wapel- oder Quabel-Tranck war nichts anders als das heimliche oder gewaltsame ins Wasser Stoßen und Ersäufen eines Menschen.“ Und Hansen zitiert weiter aus einer alten Rechtquelle:

»Dies war bei denen am Wasser und in einem mit vielen Flüssen, Canälen und Gräben versehenen Lande wohnenden Friesen eine sehr im Schwange gehende Gewalttat, und sind deswegen viele sorgfältige Gesetze dagegen errichtet worden. – Die fatalen friesischen Parteien der Verkopers und Seiringers übten diesen Wapeltranck bei ihrer Rachbegierde sehr grausam aus, so dass, wenn sie Gefangene von einander bekommen, davon sie geargwohnet, daß es Ausländer wären, die sie gar nicht im Lande geduldet, sie dieselbe vermittelst ihres nachfolgenden Schibboleth auf die Probe gestellt hätten: „Dir is nin Klirk so krol, az Klirkampster Krolheerede Klirk, aller Klirken ys hi to krol" (In der Sylterfriesischen Mundart: Dear es niin Pröst sa kröllet, üs Klirkampsters kröllhiiret Pröst, allde Pröster es hi tö kröllet.) – (Auf Deutsch: Es ist kein Geistlicher (Chleriker) so kraus (klug, listig oder frech), als Klirkampsters kraushaariger Clerikus, allen Clerikern ist er zu kraus.) Wer nun dieses krause friesische Sprichwort ohne Stammeln oder Häsitation [Zögern, Zaudern] nicht fertig aussprechen konnte, der ward für einen Fremdling gehalten und mußte den Wapeldrank angehen, ward ins Wasser geworfen und mit Stangen so lange unten gehalten, bis er den Geist aufgegeben hatte.«

Kein Wunder also, dass die gestrenge Obrigkeit bei der Formulierung neuzeitlicher Rechtsgrundsätze sowohl des Ostfriesischen Landrechts von 1746 als auch in den entsprechenden Bestimmungen für die friesischen Uthlande, also für den Bereich der heutigen Inseln und Halligen vor der nordfriesischen Küste, ein solches Treiben mit der Todesstrafe belegte.

Rohheit und Brutalität blieben bis zur Mitte des 18.

Jahrhunderts einer jener unangenehmen Charakterzüge, über die sich noch die aufgeklärte und empfindsame Großvätergeneration Storms und seiner Freunde wunderte und empörte. Christian Levsen zum Beispiel, seit 1800 Landvogt in Bredstedt, einer kleinen Stadt nördlich von Husum, hörte von älteren Einwohnern noch sagen, dass gefährliche Schlägereien nicht selten waren, die oft mit Todschlag endeten. Die Nordfriesen nahmen deshalb – ganz ähnlich wie es aus Dithmarschen berichtet wird – zu feierlichen Zusammentreffen wie Hochzeiten, Geburten, Kindstaufen und Begräbnissen ihre Totenkleider mit, weil sie befürchten mussten, „dass es möge gebraucht werden", denn solche mörderischen Schlägereien traten häufiger ein, „wenn starke Getränke den rohen Charakter der Gäste noch mehr verstärkt und abgestumpft hatten."

Dies schrieb Levsen im Jahre 1819 nieder; seine Informationen bezog er aus den Akten der Landvogtei, in denen Ereignisse des 17. und 18. Jahrhunderts dokumentiert waren. Aber noch rund 70 Jahre nach der Verkündung des Ostfriesischen Landrechts stellte er den ihm anvertrauten Menschen ein schlechtes Zeugnis aus; in den 1821 in Altona gedruckten „Nachrichten über das Amt Bredstedt" schrieb er: „Ein gewisser Stolz, mit Dreistigkeit gepaart, die wohl zuweilen in Dummdreistigkeit ausartet, ist ihnen eigen, so wie ein damit verbundener Hang, sich auf eine oder die andere Art hervorzutun, wobei zuweilen Streit- und Zanksucht auffallend hervorstechen."

Als ein Vierteljahrhundert später im September 1845 ein Journalist von Husum aus die nördlich gelegene

Hattstedtermarsch besuchte, sah es in Nordfriesland Gott sei Dank ganz anders aus. Der Besucher hieß Theodor Mügge, war als Schriftsteller erfolgreich und gehörte zu den republikanisch gesinnten Bürgern, die von einem geeinten Deutschland träumten. Im Vorfeld der schleswig-holsteinischen Erhebung gegen Dänemark wuchs das Interesse am nördlichsten Teil des deutschen Sprachgebiets, dessen politisches Schicksal sich bald zur Kernfrage der bürgerlichen Revolution von 1848/49 entwickeln sollte.

In seinem gesamten Werk trat Mügge für Vernunft und Freiheit und gegen die Unterdrückung von Menschen und Völkern ein. Er thematisierte auch das Leid der Tiere und war Mitglied im Tierschutzverein, der zu seiner Zeit „Antitierquälerverein“ genannt wurde. Sein kluges Credo lautete: „Man hat gut sagen, die Errungenschaften der Vernunft seien ein gemeinsames Gut aller menschlichen Wesen. Es ist eine der Einbildungen der Philosophen und philantropischen Schwärmer. Wäre die menschliche Vernunft im Stande, eine göttliche Kraft auf das ganze Geschlecht zu üben, wie anders müsste sich dann das Menschenleben gestalten! Statt dessen sehen wir, welchen Kampf und langes menschliches Elend es kostet, um nur einen Gedanken teilweis herrschend zu machen, und wie die göttliche Dummheit in den Köpfen der Menschen weit alle Vernunft und Einsicht überragt und wohl ewig überragen wird.“

Mügge entfaltet in seinem 1846 veröffentlichten Reisebericht ein positives Bild der Menschen zwischen Marsch und Geest; bei seinem Besuch hatten ihm Theodor Storm und seine Freunde aus Husum eine blühende

Marschlandschaft vorgeführt, sie hatten die modernen Deiche besucht, deren zum Meer hin allmählich abfallende Profile ein Optimum an Schutz vor Sturmfluten bieten, und sie waren beim Großbauern Jens Thoms Jensen auf Ellerbüllwarft bei Hattstedt eingekehrt, einem Manne aus altem Deichgrafengeschlecht, der Storm später als eines der Vorbilder für den Deichgrafen Hauke Haien in der Novelle „Der Schimmelreiter“ dienen sollte.

Jensen hatte den Besucher aus Berlin mächtig beeindruckt; vor allem der Wohlstand des Bauernhauses und die freigiebige Gastfreundschaft werden in der Tendenzschrift über die Herzogtümer Schleswig und Holstein lobend erwähnt, mit der Mügge die Besonderheiten der nördlichsten deutschen Provinzen seinem Publikum zwischen Elbe und Etsch sowie Maas und Memel erfolgreich nahe brachte. Schleswig-Holstein meerumschlungen wurde im ganzen deutschen Sprachraum plötzlich populär und die Schleswig-Holsteinische Frage, wie man das Problem der zukünftigen politischen Orientierung der Herzogtümer zwischen Dänemark und Deutschland nannte, wurde zum Prüfstein der nationalen Einheitsbestrebungen der bürgerlichen Revolution von 1848 und zum viel beredeten Thema in der Frankfurter Paulskirche.

Nachdem die deutsche Revolution gescheitert und die Blütenträume der Republikaner wie Mommsen, Mügge und Storm verflogen waren, nahm Anfang der 1860er Jahre der Fürst Bismarck die Sache in die Hand und erprobte sein späteres Erfolgskonzept des Krieges als Fortsetzung der Politik mit anderen Mitteln zuerst an den nördlichsten deutschen Ländern, die er Dänemark mit Gewalt abzutrotzen verstand. Die zunächst skeptischen Nordfriesen applaudierten ihm schließlich und erlebten einen wirtschaftlichen Aufschwung, den sie als Dank ihrer Brüder und Schwestern aus anderen deutschen Landen empfanden. So lebten sie ein weiteres Jahrhundert an der Westküste Schleswig-Holsteins im trügerischen Gefühl der eigenen Stärke in bescheidenem Wohlstand und verpassten beinahe die moderne Zeit, da sie sich in einem vor allem landwirtschaftlich bestimmten Land sicher und geborgen fühlten.

Erst spät, manche meinen zu spät, erkannte man, dass die Zukunft der Region vor allem im Fremdenverkehr liegt, und stellte sich oft unter Mühen langsam darauf ein. Heute muss kein Fremder mehr befürchten, nach dem Überqueren des Nord-Ostsee-Kanals in den Graben gestoßen zu werden und das Schicksal des Quabeltranks zu erleiden; aber der Wechsel vollzog sich nicht immer reibungslos, wie etwa einige Mitmenschen aus der Holländersiedlung Friedrichstadt bewiesen, als sie Anfang der 1990er Jahre ein Straßenfest veranstalteten, auf dem sie das Ende der Saison und damit die Abwesenheit aller Fremden zumindest für ein halbes Jahr bis zur nächsten Saison lautstark und feucht-fröhlich feierten.

Die raue Insel Sylt mit ihren harten Menschen hat sich inzwischen grundlegend gewandelt, zunächst zur attraktiven Badeinsel des wohlhabenden Bürgertums und später zum Laufsteg von Schicki und Micki. Der erste Künstler, der über seine Erfahrungen auf der Insel Sylt berichtete, war der romantische Maler Wilhelm von Kügelgen, der 1858 in einem Brief an seinen Bruder schrieb: „Die Nordfriesen haben mir besser gefallen als irgendein anderer deutscher Stamm: ruhige, stille, besonnene und schöne Menschen." Einige der ruhigen, stillen, besonnenen Sylter haben aus der landschaftlichen Einmaligkeit ihrer Insel inzwischen kräftig Kapital geschlagen; dabei haben sie eine kommerzielle Gastfreundschaft entwickelt, deren Cleverness man ihren weniger von der Natur begünstigten Brüdern auf dem Festland manchmal wünschen möchte. Manche Nordfriesen setzen jedoch die üble Tradition ihrer Vorfahren bis heute fort, allerdings schlagen sie ihre Gäste nicht mehr tot, sondern rauben sie bloß noch mit den legitimen Mitteln moderner touristischer Marktwirtschaft aus.

Die Rungholtsage

Von allen Sagen Schleswig-Holsteins ist die Erzählung vom Untergang des Fleckens Rungholt die populärste; dazu hat auch Detlef von Liliencron mit seiner Ballade „Trutz blanke Hans!“ beigetragen, in der er das Bild einer großen Stadt mit stolzen Bürgern zeichnet, die in ihrem Übermut die Natur herausfordern und dafür mit einer gewaltigen Sturmflut bestraft werden: „Heut bin ich über Rungholt gefahren,/ Die Stadt ging unter vor fünfhundert Jahren.“

Mit dem Namen Rungholt verbindet sich die Erinnerung an eine der größten Sturmfluten des 14. Jahrhunderts, die Landverluste vor dem heutigen Kreis Nordfriesland zur Folge hatte, deren nächsten Höhepunkt die Flut von 1634 brachte, als die Insel Strand zerbrach und die im Wesentlichen noch heute vorhandene Insel- und Halliglandschaft zwischen Sylt im Norden und Südfall im Süden entstand. Während die Flut des 17. Jahrhunderts von zeitgenössischen Chronisten genau dokumentiert wurde, hielten sich von der ersten großen „Manndränke“ nur vage Vorstellungen im kollektiven Bewusstsein der betroffenen Bevölkerung. Die Zeitangaben in den alten Chroniken sind ungenau; erst im 19. Jahrhundert begann man damit, die Erinnerungen der Sage mit den Ereignissen im Spätmittelalter zu verknüpfen und konnte schließlich Rungholts Untergang mit der Sturmflut von 1362 verbinden.

Die Frage, ob eine Siedlung mit dem Namen Rungholt wirklich existiert hat oder ob es sich um ein Produkt der Fantasie handelt, bewegte die Gemüter noch im 20. Jahrhundert. Neuere Quellenstudien belegen die Existenz von Rungholt als eines bedeutenden Siedlungs- und Handelsplatzes im Norden; archäologische Untersuchungen haben keine endgültige Klarheit darüber verschafft, wo genau der untergegangene Ort zu lokalisieren ist, denn die alten Karten sind ungenau, doch Spuren untergegangener Ortschaften gibt das Wattenmeer immer wieder frei. Irgendwo westlich der heutigen Insel Nordstrand mag er gelegen haben, ob mehr östlich oder mehr westlich ist umstritten; allerdings kann man heute die Ursache für seinen Untergang erklären.

Das Gelände unter dem Meeresspiegel vor der nordfriesischen Küste ist wie ein kleines Gebirge gefaltet und weist Höhenrücken und Täler auf; die Täler sind allmählich durch Sedimente aufgefüllt worden. Darauf hat sich dann das Wattenmeer abgelagert. Genau dies sollte den Menschen von Rungholt im Spätmittelalter zum Verhängnis werden, denn bei der großen Flut des Jahres 1362 spülte das Meer gewaltige Sedimentmassen aus dem festen Untergrund heraus und so versank der Flecken Rungholt.

Die Sage selber ist in vielen Sammlungen enthalten, die seit der Mitte des 19. Jahrhunderts veröffentlicht wurden. Theodor Storm hat die Rungholtsage literarisiert, als er sie in seiner Novelle „Eine Halligfahrt“ nacherzählte und sie symbolisch in die Handlung einfügte. Das Interesse an dieser Sturmflutsage erklärt sich nicht nur aus der Faszination des sagenhaften Ortes Rungholt; sie greift auch ein für alle Küstenbewohner bedeutsames Thema auf, die Bedrohung durch die Stürme der Nordsee und den ewigen Kampf gegen die Naturgewalten, die sich an der Westküste des nördlichsten Landesteils Deutschlands immer wieder in verheerenden Überschwemmungen mit teilweise dramatischen Landverlusten äußern.

Detlev von Liliencron kam als Hardesvogt nach Pellworm und wurde auf der Überfahrt im Jahre 1883 zu seiner Ballade angeregt. Natürlich kannte er auch Theodor Storms Novelle „Eine Halligfahrt“, denn er war ein Verehrer des Husumer Dichters und verdankt dem Älteren manche literarische Anregung. Auch im 20. Jahrhundert hat das Thema des Untergangs einer ganzen Region Schriftsteller fasziniert. Bis heute erscheinen immer wieder Texte, die von Rungholt und den dort umgekommenen Menschen erzählen.

Bisher war unbekannt, welche Rolle Storm bei der Herstellung dieser Sage gespielt hat. Aktuelle Forschungen zeigen nun, dass er neben anderen Sagen aus Nordfriesland auch den Rungholt-Text herausgeschrieben und seinem Studiengenossen, dem Germanisten Karl Müllenhoff in Kiel, zur Verfügung gestellt hat.

Die Rungholtsage in der Form, in der sie heute bekannt ist, wurde erstmals 1845 in der Sammlung „Sagen, Märchen und Lieder der Herzogthümer Schleswig, Holstein und Lauenburg“ gedruckt. Diese Sammlung wirkt wie kein anderes regionales Sagenbuch des 19. Jahrhunderts bis heute fort; viele der darin enthaltenen Texte haben einen Bekanntheitsgrad erreicht, wie dies sonst nur für die überregionale Sammlung der Brüder Grimm gilt. Bereits unmittelbar nach Erscheinen der Sammlung muss der dänische Dichter Hans Christian Andersen auf die Sage gestoßen sein, denn er erzählt sie im zweiten Teil seines Romans „De to Baronesser“ (deutsch: „Die beiden Baroninnen“) in der Fassung bei Müllenhoff nach. Der Roman erschien Ende 1848 in Kopenhagen und kam bereits im selben Jahr in einer englischen und einer deutschen Übersetzung heraus.

Müllenhoff setzte 1843 eine Arbeit fort, die von den Kieler Studenten Theodor Storm und Theodor Mommsen zwei Jahre zuvor in ihrer „Clique“ begonnen wurde, einem lockeren Freundeskreis junger Stundenten verschiedener Fakultäten, die sich zum Teil bereits aus ihrer gemeinsamen Schulzeit kannten. Die Sammeltätigkeit erstreckte sich sowohl auf die Niederschrift mündlicher Sagentraditionen als auch auf die Abschrift von gedruckten Überlieferungen. Für Storm, der in Kiel Jura studierte und anschließend in Husum als Rechtsanwalt praktizierte, bedeutete die Beschäftigung mit Märchen und Sagen seiner Heimat mehr als nur Interesse an der kulturellen Vergangenheit, wie es in den 1840er Jahren im Rahmen der nationalen Bewegung Mode wurde; der angehende Poet fand hier ein ergiebiges Übungsfeld für seine Schreibversuche.

Es gibt einige Indizien, die darauf hinweisen, dass Storm unter anderen nordfriesischen Sagen auch die

Rungholtsage aus einschlägigen Chroniken des 17. Jahrhunderts herauspräpariert und ihr dabei die uns bekannte Fassung gegeben hat. Neben verschiedenen Wochenblättern waren Chroniken eine der ergiebigsten Quellen für die Sagensammler. Storm hat 1843 in Husum die ihm zugänglichen Chroniken seiner Heimatstadt und der Umgebung ausgewertet. Die Sage wurde dann von Müllenhoff unter Verwendung eines Exzerpts Storms und eines Manuskripts des Sylter Lehrers Christian Peter Hansen aus drei Teilen komponiert. Und so kennt man sie bis zum heutigen Tage:

»In Rungholt auf Nordstrand wohnten weiland reiche Leute; sie bauten große Deiche und wenn sie einmal darauf standen, sprachen sie: „Trotz nu, blanke Hans!" –

Ihr Reichthum verleitete sie zu allerlei Uebermuth. Am Weihnachtsabend des Jahres 1300 machten in einem Wirthshause die Bauern eine Sau betrunken, setzten ihr eine Schlafmütze auf und legten sie ins Bett. Darauf ließen sie den Prediger ersuchen, er möchte ihrem Kranken das Abendmahl reichen und verschwuren sich dabei, daß wenn er ihren Willen nicht würde erfüllen, sie ihn in den Graben stoßen wollten. Wie aber der Prediger das heilige Sakrament nicht so gräulich wollte misbrauchen, besprachen sie sich unter einander ob man nicht halten sollte, was man geschworen. Als der Prediger daraus leichtlich merkte, daß sie nichts gutes mit ihm im Sinne hätten, machte er sich stillschweigends davon. Indem er aber wieder heim gehen wollte und ihn zween gottlose Buben, so im Kruge gesessen, sahen, beredeten sie sich, daß so er nicht zu ihnen hereingehen würde, sie ihm die

Haut voll schlagen wollten. Sind darauf zu ihm hinausgegangen, haben ihn mit Gewalt ins Haus gezogen und gefragt, wo er gewesen. Und wie ers ihnen geklaget, wie man mit Gott und ihm geschimpfet habe, haben sie ihn gefragt, ob er das heilige Sakrament bei sich hätte, und ihn gebeten, daß er ihnen dasselbige zeigen möchte. Darauf hat er ihnen die Büchse gegeben, darin das Sakrament gewesen, welche sie voll Biers gegossen und gotteslästerlich gesprochen, daß so Gott darinnen sei, so müsse er auch mit ihnen saufen. Wie der Prediger auf sein freundliches Anhalten die Büchse wiederbekommen, ist er damit zur Kirche gegangen und hat Gott angerufen, daß er diese gottlosen Leute strafe. In der folgenden Nacht ward er gewarnet, daß er aus dem Lande, so Gott verderben wollte, gehen sollte; er stand auf und gieng davon. Und sogleich erhob sich ein ungestümer Wind und ein solches Wasser, daß es vier Ellen hoch über die Deiche stieg und das ganze Land Rungholt, der Flecken und sieben andre Kirchspiele dazu, untergieng, und niemand ist davon gekommen als der Prediger und zwo, oder wie andre setzen, seine Magd und drei Jungfrauen, die den Abend zuvor von Rungholt aus nach Bopschlut zur Kirchmeß gegangen waren, von welchen Bake Boisens Geschlecht auf Bopschlut entsprossen sein soll, dessen Nachkommen noch heute leben. Die Ulversbüller Kirche hat noch eine alte Kirchenthür von Rungholt.

Nun giebt es eine alte Prophezeiung, daß Rungholt vor dem jüngsten Tage wieder aufstehn und zu vorigem Stande kommen wird. Denn der Ort und das Land steht mit allen Häusern ganz am Grunde des Wassers und seine Thürme und Mühlen thun sich oft bei hellem Wetter hervor und sind klar zu sehen. Von Vorüberfahrenden wird Glockenklang und dergleichen gehört. – Imgleichen wird bei der Süderog am Hamburger Sand ein Ort gezeigt, welcher Süntkalf geheißen und es ist ein Sprichwort:

Wenn upstaen wert Süntkalf,
So wert Strand sinken half.«

Der Text der Rungholtsage wurde von Müllenhoff sprachlich modernisiert, enthält aber einige altertümliche Wendungen wie „geklaget", „geschimpfet", „voll Biers", „ward er gewarnet" und „zwo", die den Chronikcharakter betonen sollen. Der zweite Teil berichtet von einer „alte(n) Prophezeiung", nach der Rungholt noch vor dem Jüngsten Tag auferstehen wird. Die Leute glauben, dass der Ort und das Land unversehrt am Grunde des Meeres stehen; es wird erzählt, man könne bei hellem Wetter die Häuser sehen und beim Vorüberfahren die Glocken hören. Dieses Motiv ist aus der Vineta-Sage übernommen worden. Vineta bedeutet „Wendenstadt" und bezeichnet einen Handelsplatz auf der Insel Wollin, auch Julin oder Jumne genannt, dessen Blüte im 10. und 11. Jahrhundert lag. Auf dem so genannten Silberberg lag die 1098 zerstörte Wikingerfeste Jomsburg, deren Vernichtung den Anlass zur Entstehung der Sage gegeben hat. Sie berichtet, Vineta sei durch ein Erdbeben oder eine Sturmflut untergegangen und die Trümmer seien auf dem Meeresboden an der Küste Usedoms (bei Damerow) zu sehen. Untersuchungen durch Taucher haben hierfür aber keinen Anhalt gegeben.

Die von Müllenhoff aufgenommene Prophezeiung

stimmt im Wortsinn mit der Quelle überein, wird vom Chronisten allerdings als unglaubwürdig dargestellt („Sonsten stehen die alten abergläubischen Leute im Wahn“, „für eine zur Bestätigung des Aberglaubens erdichtete Fabel“). Dies ist eine typische Relativierung von spukhaften und gespenstischen Elementen der Sagen, von denen sich die rationalen Chronisten des 17. Jahrhunderts ausdrücklich distanziert haben. Solche Distanzierungen sind ein Charakteristikum der Sagentexte in vielen Chroniken; sie wurden von den Sammlern des 19. Jahrhunderts in der Regel nicht in ihre Textfassungen übernommen, um den Sagen historische Glaubwürdigkeit zu verleihen.

Der Bearbeiter hat das Chronikmaterial aus dem 17. Jahrhundert in eine geschlossene Erzählung umgeformt; genau dies haben er und andere Sammler des 19. Jahrhunderts angestrebt, wenn sie von „Purifizierung“ sprachen. Eigentlich hätte Müllenhoff ganz auf Hansens Fassung der Sage verzichten müssen, da dieser seine Texte häufig bearbeitet hat und – vor allem in seinen Veröffentlichungen im „Husumer Wochenblatt“ – zur epischen Ausschmückung von Sagen neigte. Gerade die Ausschmückungen Hansens, die er dem Stoff seiner Quellen hinzugefügt hat, widersprechen den Prinzipien, die Storm, Mommsen und Müllenhoff in ihrer gemeinsamen Arbeitsphase formuliert und teilweise auch bei der Herstellung von Sagentexten angewendet haben.

Die Eingriffe in das aus Chroniken heraus gelöste Sagenmaterial sind weitaus bedeutender, als es Volkskundler und Literaturwissenschaftler früher angenommen haben. Die Rungholtsage ist – wie viele andere historische Sagen aus Nordfriesland – eben nicht eine „Emanation des ganzen Volks- und Heimathgeistes“, wie es Storm gegenüber Mommsen einmal formuliert hat.

Da die meisten Chronisten ihr Brot als Pastoren verdienten, fanden sie hier Gelegenheit, ihren Schäfchen durch abschreckende Beispiele gute Lehren zu erteilen. Auch die moralisch aufgewertete Rungholtsage wurde so von einem Chronisten an den anderen weitergegeben und ausgeschmückt, bis sie Mitte des 17. Jahrhunderts von den Brüdern Heimreich in die Fassung gebracht wurde, die Storm und seine Freunde zweihundert Jahre später für ihre Sagenkomposition benutzt haben. So sind in den Jahrhunderten nach der Reformation viele moralische Erzählungen aus dem christlichen Mittelalter zu Sagen umkomponiert worden.

Als die Sammler des 19. Jahrhunderts im Sinne der Brüder Grimm Märchen- und Sagentexte für den Druck „purifizierten“, reinigten sie nicht allein die älteren Texte von novellistischen Ausschmückungen, sondern mussten einige der Texte regelrecht herstellen, so dass man bei den so genannten „volksläufigen“ Märchen wie bei Sagen von einer „Gattung Grimm“ sprechen kann. Dadurch trugen sie dazu bei, eine neue Literaturform zu popularisieren. Daran hat sich neben Theodor Mommsen, C. P. Hansen und Karl Müllenhoff auch Theodor Storm an exponierter Stelle beteiligt.

Ein gestohlenes Gedicht

Einem Freund kann man alles Mögliche stehlen, ein Buch, den sprichwörtlichen silbernen Löffel oder gar die Frau – aber ein Gedicht?

Genau das hat Theodor Storm getan, als er im Jahre 1849 folgenden Text an den Redakteur Karl Leonhard Biernatzki schickte, der ihn auch prompt im Kalendarium zum Monat April seines „Volksbuchs auf das Jahr 1850" abdruckte.

Regen fällt bei Sonnenschein
Fällt der Braut in' Kranz hinein.
Weinen muß sie und muß lachen
Mädchen soll die Hausfrau machen.
Lachen muß sie und muß weinen
Kind soll nun als Weib erscheinen.
Welche Lust und welche Pein!
Regen fällt und Sonnenschein.

Dass ein Poet eigene Gedicht zum Druck befördert, ist nur zu verständlich; einem guten Freund aber ohne dessen Wissen einen Text einfach wegzunehmen, um ihn dann auch noch in einer Weise zu veröffentlichen, dass nur der Verfasser seine Autorschaft erkennen kann, ist wahrlich ein frecher Spaß. Der Bestohlene reagierte auch entsprechend verschnupft und beschwerte sich in einem Brief bei seinem Bruder: „Mir hat er einen kleinen Vers gestohlen und ihn seinem Organ einverleibt mit der Unterschrift T. M. gest., was ich mir für die Zukunft höflichst verbeten habe."

Der hier zu Recht klagt, war Tycho Mommsen, jüngerer Bruder des Historikers und späteren Nobelpreisträgers Theodor Mommsen; die Brüder hatten gemeinsam in Kiel studiert und sich dort mit Theodor Storm angefreundet, mit dem zusammen sie in einer Wohngemeinschaft lebten. Die drei fanden neben ihren Studien genügend Zeit, um in einem akademischen Freundeskreis Anekdoten, Märchen, Schwänke, Sagen, Lieder und Sprichwörter aus Schleswig-Holstein zu sammeln, gemeinsam zu dichten und fröhliche Feste mit den Bürgermädchen aus ihrer Umgebung zu feiern. Am Ende des Studiums (1843) gaben die drei sogar eine gemeinsame Lyriksammlung heraus, das „Liederbuch dreier Freunde".

Tycho Mommsen war nach einer Reise durch Italien und Griechenland von 1848 bis 1850 als Lehrer an der Husumer Gelehrtenschule tätig, danach wirkte er als Gymnasiallehrer und Direktor an unterschiedlichen Institutionen, später leitete er das städtische Gymnasium in Frankfurt am Main. Theodor Storm hatte 1844 in seiner Vaterstadt Husum eine Rechtsanwaltskanzlei eröffnet und schrieb nebenbei allerlei poetische Texte.

Für ihre volkskundlichen Forschungen fanden die Freunde ein Forum in dem „Volksbuch für die Herzogthümer Schleswig, Holstein und Lauenburg“, einer neuen Publikationsreihe, die jährlich erscheinen sollte und für die der Herausgeber, der evangelische Theologe, Schriftsteller und Publizist Karl Leonhard Biernatzki, seit 1844 Rektor der Schule in Friedrichstadt, Material aus den Herzogtümern suchte.

Das war das „Organ“, von dem Tycho Mommsen im Brief an seinen Bruder spricht, mit dem Biernatzki ein regionales, auf den deutsch- und friesischsprachigen Kulturraum beschränktes Forum für belletristische und landesgeschichtliche Beiträge mit nationaldeutscher Ausrichtung schuf. Bedeutender Mitarbeiter war – neben Theodor Mommsen – Theodor Storm, der in den Volksbüchern neben Gedichten eine Reihe von Schwänken und Sagen sowie die vier frühen Erzählungen „Marthe und ihre Uhr“, „Der kleine Häwelmann“, die erste Fassung von „Immensee“ und das Märchen „Stein und Rose“ (später „Hinzelmeier“) veröffentlichte, ohne sich in seinen Beiträgen durch die pietistischen Tendenzen des Herausgebers beeinflussen zu lassen. Bis zum Erscheinen der ersten Separatausgabe seiner Gedichte (Kiel 1852) waren die sechs Jahrgänge der Volksbücher das wichtigste Forum auch für Storms Lyrik. Hier hat er in den Jahren 1846 bis 1851 mehr als 40 Gedichte veröffentlicht.

Aufschlussreich ist es, den kleinen Text, den Theodor Storm damals seinem Freund Tycho Mommsen „gestohlen“ hat, mit einem der Gedichte zu vergleichen, die der Husumer zur selben Zeit verfasste. Im Volksbuch auf das Jahr 1850 im Kalendarium zum Monat Mai druckt Biernatzki folgendes Liebesgedicht ab, das bereits im Sommer 1845 entstanden ist:

Morgengruß

Nun gieb ein Morgenküßchen!
Du hast genug der Ruh;
Und setz dein zierlich Füßchen
Behende in den Schuh!

Nun schüttle von der Stirne
Der Träume blasse Spur!
Das goldene Gestirne
Erleuchtet längst die Flur.

Die Rosen in deinem Garten
Sprangen im Sonnenlicht;
Sie können kaum erwarten,
Daß deine Hand sie bricht.

Storm ermöglicht dem Leser einen dreifachen Zugang zu seinem Text, den er an seine Braut Constanze Esmarch gerichtet hat. Auf der syntaktisch-semantischen Ebene wird er sich des Gehalts bewusst, wenn er die Worte wie eine bloße Mitteilungsprosa liest. Dann allerdings erschienen dem Leser diese Mitteilungen doch recht banal: Jemand küsst morgens ein Mädchen, das danach in einen Garten geht, um eine Rose zu brechen. Würde man diese Information durch biographische Daten ergänzen, wie sie die Storm-Forschung liefert, erlaubte dies Einblicke in die seelische Verfassung Storms und in den Stimmungskontext, der für ihn bei der Niederschrift des Gedichts Bedeutung hatte, als er mit Constanze verlobt war. Aber wen interessiert das schon? Die Vermittlung eines solchen Wissens kann nicht der eigentliche Zweck der Dichtung sein.

Storm hat seine Überlegungen zur Lyrik im Vorwort zum „Hausbuch aus deutschen Dichtern seit Claudius" folgendermaßen dargestellt: „Der bedeutendste Gedankengehalt aber, und sei er in wohlgebauten Versen eingeschlossen, hat in der Poesie keine Berechtigung und wird als toter Schatz am Wege liegen bleiben, wenn er nicht zuvor durch das Gemüt und die Phantasie des Dichters seinen Weg genommen und dort Wärme und Farbe und wo möglich körperliche Gestalt gewonnen hat. – An solchen toten Schätzen sind wir überreich." Genau von dieser Sorte Poesie ist das Gedicht von Freund Tycho; ein handwerklich gut gereimtes Stück Sprache, in dem der natürliche Gegensatz von Regen und Sonnenschein auf die seelische Verfassung einer jung vermählten Frau übertragen wird. Aber aus solch einem scherzhaften Gedanken wird durch Vers und Reim noch keine Kunst.

Was macht den Kunstcharakter von Storms Gedicht aus? Storm führt in seinem Vorwort weiter aus: „Von einem Kunstwerk will ich, wie vom Leben, unmittelbar und nicht erst durch die Vermittlung des Denkens berührt werden; am vollendetsten erscheint mir daher das Gedicht, dessen Wirkung zunächst eine sinnliche ist, aus der sich dann die geistige von selbst ergibt, wie aus der Blüte die Frucht." Genau durch diese unmittelbare sinnliche Wirkung auf den Leser unterscheidet sich Theodors Meisterstück von Tychos Kunsthandwerk.

Storm hat in wenigen Worten eine alltägliche Situation eingefangen und sie ins Menschliche verallgemeinert. Die alltägliche Erfahrung an einem Sommermorgen gewinnt symbolische Bedeutung, denn das Erblühen der Rose steht für das Erwachsenwerden und die Liebesfähigkeit der jungen Frau. Wenn die Rose als altes Liebessymbol von der Hand des Mädchens gebrochen wird, so verweist das (männliche) lyrische Ich damit auf die zukünftige erotische Gemeinsamkeit beider, ohne dies eigens auszusprechen. Und das Besondere dieses Gedichts: Der Leser wird noch heute von den Versen des jungen Storm auch ohne eine Interpretation berührt.

Die Windsbraut

Immer, wenn ich den Besen aus der Gartenecke hole, lauert sie hinter dem Bretterzaun. Lege ich das Kehrblech bereit und fange an zu fegen, fährt sie um die Ecke und kieselt um mich herum. Kehre ich Blätter zusammen, reißt sie alles wieder auseinander. Manchmal scheint sie gut gelaunt. Dann nimmt sie alle trockenen Blätter von der Einfahrt und wirbelt sie zu einem Haufen, den ich bequem zusammenfegen kann. Aber nur, wenn sie eingeschlafen ist, denn sonst bläst sie alles wieder auseinander, und ich höre sie spöttisch lachen. Sie sitzt auch in den Bäumen an der Chaussee, von denen ich als Kind geglaubt habe, die Bewegungen ihrer Blätter, Zweige und Äste erzeugten den Wind.

Man müsste die Windsbraut einfangen, denke ich und will mir einen Plan zurechtlegen. Aber ich kann kein geeignetes Gefäß auftreiben, und Bannsprüche, wie weiland Theodor Storm sie kannte, fallen mir auch nicht ein.

Storm allerdings hatte es mit Feuermann und Regentrude zu tun, der Wind stand nicht auf seiner Abschussliste. Auch der „Schimmelreiter", den sich die Nordfriesen gerne als Nationalepos einverleiben, bringt mich nicht viel weiter. Will es Hauke Haien doch mit einem ausgewachsenen Orkan aufnehmen, der alle Hände voll zu tun hat, um Deich und Koog zu überfluten und nebenbei auch noch Frau, Kind und Hund zu ersäufen. Wer den Weltuntergang inszeniert, kann sich nicht auch noch um ein schmeichelndes Weib kümmern, und mag es noch so verführerisch tun. Mit dem Deichgrafen hat er freilich keine Mühe, weil der sich mit seinem Schimmel freiwillig in die Fluten stürzt.

Während der Orkan also über die Meere tobt und den Küstenländern Tod und Verderben bringt, saust die Windsbraut, sein feiner Schatz, über dem Festland als Wirbelwind der Wilden Jagd voran. Sie muss in alle Ewigkeit dahinbrausen – so sagt man –, weil sie keine Rücksicht nimmt, nicht auf die mächtigen Bäume im Wald, nicht auf die Tiere und auch nicht auf die bestellten Felder der Menschen. Überhaupt ist ihr alle Technik ein Graus und sie rüttelt und schüttelt an allem, was sich ihr in den Weg stellt. So reißt sie Schilder ab, wirft Baugerüste und Kräne um, schleudert auch mal ein ganzes Dach vom Haus; aber für die wirklich großen Katastrophen muss sie den Sturm rufen, ihren Herrn, der schon von Alters her als ihr Meister gilt und den sie mit ihren abgefeimten Künsten noch nie behexen konnte.

Jetzt hat sich der Wind gelegt, die Windsbraut scheint eingeschlafen. Ich sitze im Gras, atme den betörenden Duft der Wiesenkräuter ein und höre ein gaukelndes Kichern, das wie ein Schauer herabsinkt und meine Gedanken in eine andere Richtung lenkt.

Wieder kommt mir Storm in den Sinn und das Wortspiel, das seine Landsleute mit seinem Namen treiben, die ihn bis heute „Tetje Wind“ nennen. Die lieben es, Menschen nach ihren Tätigkeiten oder Schrullen zu benennen, wie zum Beispiel Peter Runtum, der vor fast 200 Jahren in Husum den Pfingst- und Michaelismarkt eintrommelte, oder Jochum Pingel, der die Klosterglocke im St. Jürgen-Stift „bingeln“ musste, und über den Storm folgende Spottverse mitgeteilt hat: „Jochum Pingel/ Treckt de Bingel/ För en Kringel/ Un en Snaps!“

Theodor Storm hat übrigens selber mit seinem Namen gespielt, so im Jahre 1845, als er in einem Brief aus Husum an Constanze Esmarch im fernen Segeberg das bekannte plattdeutsche Volkslied „Datt du min Leewsten bist“ abschrieb, in dem ein junges Mädchen ihren Freund auffordert, sie nachts heimlich in ihrer Schlafkammer zu besuchen. Der verliebte Dichter erklärte seiner Braut die anzüglichen Schlusszeilen „Klopp an de Kåmerdür/ Fat an de Klink,/ Vader meent, Moder meent,/ Dat deit de Wind“ folgendermaßen: „Mit diesem Ständchen gute Nacht; Du schläfst leider nicht allein, auch käm ich wohl nicht mehr zu Dir um Mitternacht, wenn ich nicht wircklich der Wind wäre; leider vermag hier der Storm nicht so viel als sein schwächerer Bruder. Nacht Dange, in Gedanken, die sind doch noch schneller als der Wind, und viel wärmer und treuer, mein süßes süßes Engelsköpfchen. –“

Theodor Storm war nicht der erste, der seinen Familiennamen für ein Wortspiel missbrauchte. Genau zehn Jahre vor diesem Brief machte ein anderer einen ähnlichen Witz auf Kosten des damals erst siebzehnjährigen Schülers. Das war, als er mit seinen Freunden im Herbst 1835 den Jahrmarkt in Süderstapel besuchte und am Düt-jendanz teilnahm, bei dem der Tänzer seiner Partnerin am Schluss einen Kuss geben muss. Ein ärgerlicher Wirt reagierte auf Storms Bericht im „Ditmarser und Eiderstedter Boten“ mit der Polemik: man wolle sich den fremden Aufschneider „lieber unter der Benennung ‚Sturm‘ denken, weil wir in seinem famösen Aufsatze überall den sturmähnlichen Wind deutlich genug vernehmen, ohne gerade zu wissen, von wannen er kömmt, und wohin er fährt.“

Der Wind fährt in die Markise des nahen Hauses, pfeift scharf und wirft den Sonnenschirm um. Ich lasse die Hexe ruhig Gift und Galle speien und erinnere mich an einen alten Spruch von der Westküste: „Auf Schiffen dürfen die Frauen nicht stricken, sonst stricken sie den Wind weg.“ Ich kann die Windsbraut zwar nicht zum Stricken zwingen, aber mir fallen Spottverse ein, mit denen ich sie wegscheuchen will: „Mit Katzen, wer da ackern will/ Der spann’ die Mäus’ voraus,/ So geht es Alles wie ein Wind,/ So fängt die Katz’ die Maus.“

Es scheint zu funktionieren, denn sie lässt mich jetzt in Ruhe weiter phantasieren.

Storm und seine Schulkameraden trafen sich gelegentlich im Krug des nördlich von Husum gelegenen

Hockensbüll und unternahmen Ausflüge zu Jahrmärkten in benachbarten Städten und Gemeinden. Wen wundert es, wenn die jungen Männer ihr Augenmerk bei Wein und Gesang auf die Dorfschönen ihrer Umgebung richteten? Man kann Storm wohl kaum vorwerfen, dass er von der Wirkung des schönen Geschlechts fasziniert war und über seine Erlebnisse Gedichte und kleine Prosastücke schrieb, bei denen er sich sogar an der Volksüberlieferung orientierte. Wind und Weib sind immer beliebte Themen der volksnahen Dichtung; hier ein plattdeutsches Beispiel, überschrieben „Im Vorübergehen“: „Gret, fluddert di dat Band ok?/ Ja, Hans, wenn de Wind weit!“

Doch ich schweife ab und lasse mich viel zu sehr mit dem stürmenden und drängenden Storm ein, wo ich es doch mit der launigen Windsbraut zu tun habe, deren Gekicher mir plötzlich so schadenfroh erscheint, wenn sie die Wetterfahne klirren lässt. Ich suche sie mit meinen Blicken, kann aber im Geflirre des Spätnachmittags nichts erkennen. Bald schon bin ich mit meinen Gedanken wieder in dem weiten Land der Vergangenheit.

Storms Braut Constanze war keine von jenen raffinierten Frauen, die man mit einem unsteten Luftgespinst vergleichen kann. Insofern fehlt dem Storm-Wind in dieser Beziehung ein keckes Widerspiel. Aber nicht lange zuvor hat es ein Mädchen gegeben, das mit den stürmischen Anträgen ihres Liebhabers so umgegangen ist, wie es weiland Emanuel Geibel, der Dichterfürst aus Lübeck, in seiner Ballade „Die Windsbraut“ besang.

Da bezirzt ein schönes Burgfräulein allerlei Ritter und Edelknaben, versetzt ihre Herzen in Liebesglut und wünscht ihnen allen, sie mögen doch verderben und sterben! Auf die Vorhaltungen ihres Bruders erwidert sie trotzig: „Der Wind, der Wind, das Königskind,/ Soll eh‘ mein Buhle sein." Der unternehmungslustige Wind lässt sich das natürlich nicht zweimal sagen, saust des Nachts emsig durch die Burgfenster, schnappt sich die Übermütige – er ist ja gar kein Kind mehr, sondern beherrscht die Wälder und die Fluten des Meeres – und trägt seine zu Tode erschrockene neue Braut auf „langem luft'gen Arm mit Saus und Braus und Pfeifenklang" rastlos hinaus ins trostlose Nirgendwo.

Da pustet mir wer frech ins Gesicht, dass mir die Haare zur Berge stehen. Als ich die Augen öffne, fliegt mir Sand hinein. Es wispert und knistert in der Luft und das Gartentor schlägt hart gegen sein Schloss. Ich verstehe: Sie möchte beachtet werden, ich aber wende mich ab und wische mir Sand und Tränen aus den Augen.

Mit einer solchen kalten Braut hatte es Storm auch einmal zu tun. Als er Ostern 1842 der 16jährigen Bertha von Buchan einen Heiratsantrag machte, wies die ihn ab. Angeblich verstand sie nicht, was er von ihr wollte. Dabei hatte der junge Student sich bereits sechs Jahre zuvor in das zehnjährige Kind verliebt, wie er später einer Tante gestand, und intensiv um das heranwachsende Mädchen geworben. Bertha wurde seine Muse und regte ihn zu einigen feurigen Liebesgedichten an, die bereits einen selbständigen Ton erkennen lassen. In dieser Zeit wurde die Leidenschaft zu Storms eigentlichem Problem. In einem Erzählgedicht brachte er dies zum Ausdruck. Aber anders als Freund Geibel, mit dem er 1837 im Balladendichten wetteiferte, wählte der meerverbundene Storm nicht das Motiv der Windsbraut, sondern er sang von der Wasserfrau oder Nixe, mit der er sein geliebtes „Lockenköpfchen" vergleicht. „Ein Arm so weiß,/ So kalt wie Eis/ Hat bald den Knaben umschlungen." Hier spricht ein Mann von seiner Angst vor der Verführung durch die elementare weibliche Macht, deren Sexualität er nicht beherrscht.

Die Ballade ist also eine Liebeserklärung an Bertha, in der Storm seine eigenen Ängste thematisiert und sich mit der Problematik auseinandersetzt, dass sein Gegenüber sein Anliegen eigentlich noch gar nicht verstehen kann. „Lockenköpfchen ist die Nixe,/ Hält mich eben fest umschlungen,/ Augenbläue ist die Tiefe,/ Darin ich ihr nachgesprungen." Man spürt noch heute, dass es sich nicht um eine bloße unverbindliche Tändelei gehandelt haben kann, sondern dass Storm diesem Mädchen zeitweilig regelrecht verfallen gewesen sein muss. Darum hat er in seinen Gedichten und auch in einigen Prosaskizzen das noch nicht erwachsene Kind zur Frau stilisiert, auf die er seine sexuellen Wünsche projizieren konnte. „Busenwelle ist die Welle,/ Die mich willenlos beweget,/ Rosenlippe ist die Klippe,/ Die korallenreich sich hebet."

Offenbar hat Bertha in Storm Begierden ausgelöst, die er nicht befriedigen durfte; die Beziehung war im Reich der Fantasie angesiedelt, so dass er zunächst den

Anspruch auf das angebetete Mädchen in der Realität nicht einlösen musste. Im Umgang mit ihr zeigte er schickliche Zurückhaltung; ein Übriges tat die räumliche Distanz der beiden zwischen Hamburg und Kiel, die er nur durch seltene Besuche überwinden konnte, so dass der Verdacht einer unstatthaften Annäherung gar nicht erst aufkommen konnte. Trotzdem hat die lange Trennung das Feuer nie ausgelöscht, das die Kindsbraut bei jedem Besuch in Storm von Neuem anfachte.

Während ich mit den Worten spiele und gewagte Überlegungen miteinander kombiniere, mischt sich die Windsbraut direkt in meine Gedanken ein. „Von den grässlichen Wassernixen hätte er seine Hände lassen sollen!“, säuselt sie altklug und fügt gehässig hinzu: „Du siehst ja, was es ihm gebracht hat. Nichts als Verdruss!“

Berthas Zurückweisung stürzte den Studenten in eine tiefe Krise. „Der einst er seine junge/ Sonnige Liebe gebracht,/ Die hat ihn gehen heißen,/ Nicht weiter sein gedacht.“ Orientierungslos lief Storm bei Wind und Wetter durch Hamburg, spürte Bertha nach, wollte unerkannt bleiben, zeigte sich ihr dennoch in der Kirche und war tief enttäuscht, als sie auf seine Blicke nicht reagierte. Einem Schulfreund vertraute er sich an; er warf sich aufs Bett, litt unter Fieber und wollte Berthas Ablehnung partout nicht wahrhaben. An Theodor Mommsen schrieb er im Mai 1843: „Die Liebe zu diesem Kinde wird mein Leben noch schlimm verwüsten.“

Schritt für Schritt musste er erkennen, dass Bertha seine Liebe nicht erwiderte, dass sie sich seiner heißen

Werbung gegenüber kalt verhielt. Was blieb, waren sensible Liebesgedichte und ein paar wilde Verse: „Ein Dirnlein ist verloren,/ Gewonnen die andern all!" Aber da pfeift einer im dunklen Keller, der Angst hat, denn die letzte Strophe dieses „Wilde Nacht" überschriebenen Gedichts lautet: „Was immer die Lippe geschworen,/ Es stimmte das Herz nicht ein,/ Er hatte doch alles verloren/ in dem einzigen Mägdelein."

Erst Anfang 1844 überwand Storm seine Depression, als er sich mit seiner Cousine Constanze Esmarch verlobte. Damit hatte er sich mit seinen erotischen Wünschen nun endgültig an eine erwachsene Frau gewandt, die es ihm schon bald ermöglichte, eine auch im sexuellen Bereich gleichberechtigte Beziehung zu entwickeln. Zwischen Husum und Segeberg flogen in den nächsten zwei Jahren hunderte von Liebesbriefen hin und her. Sie zeugen von stürmischer Lust und tiefem Leid dieser wirklich nicht unkomplizierten Beziehung. Theodor Storm kann endlich zu neuen Ufern aufbrechen, wenn auch zunächst nur in seiner poetischen Welt. Seine Lyrik gewinnt eine bisher nicht da gewesene Tiefe und Unmittelbarkeit der Empfindung. Gemeinsam mit seiner Geliebten will er nun den Naturgewalten die Stirn bieten, sich über die tiefe Todeseinsamkeit erheben und der Wolkenjagd droben trotzen. „Nur in den Schlünden schwatzte/ Der Wind durch Grabesruh,/ Und droben in der wilden Nacht/ Alleinzig ich und du!"

Jetzt klatschen mir die Zweige des Kirschlorbeers ins Gesicht, schon jault der Wind ums Haus, drohende Wolken sind aufgezogen, Regen hängt am Himmel. Dann wird es still – die Ruhe vor dem Sturm. Ich spüre es, sie lauert hinter der hohen Buchenhecke, aber ich packe mein Kehrzeug zusammen, gehe ins Haus und schließe Fenster und Türen. Ob sie will oder nicht, die Windsbraut muss draußen bleiben.

Theodor Storm wartet auf die Eisenbahn

Wer zu spät kommt, den bestraft das Leben; wer zu spät zum Bahnhof kommt, der verpasst den Zug und schaut der Schlusslaterne hinterher. Wie ist es aber, wenn man zu früh kommt? Und zwar so früh, dass gar kein Zug einlaufen kann, da die Bahnlinie noch nicht gebaut ist? – Theodor Storm ist es mehrmals so ergangen.

Reisen war in der ersten Hälfte des 19. Jahrhunderts recht beschwerlich. Wie es zur Postkutschenzeit zuging, hat Storm in einem seiner autobiographischen Texte „Aus der Jugendzeit" geschildert:

»[...] nach Flensburg mahlten die Wagenräder viele Stunden lang im tiefsten Sande und ich fühle noch den träumerischen Zustand, wenn ich mit meinem Vater in der sogenannten Chaise saß, welche langsam in den knarrenden Riemen schaukelte, und der Kutscher, damit doch etwas andres hörbar sei, einmal durch die Luft klatschte und mit einem „Hopp" Jann und Liese, unsre beiden schwarzen Pferde, antrieb.«

Aber die Zeiten ändern sich und auch die Verkehrswege in den Herzogtümern Schleswig und Holstein wurden allmählich verbessert. Wenn der Jurastudent Storm in den Jahren um 1840 zu seinen Verwandten und Freunden nach Altona und Hamburg reisen wollte, brauchte er mit dem Eilpostwagen auf der neu erbauten Chaussee von Kiel über Neumünster, Bramstedt und Quickborn knapp 12 Stunden, und die Fahrt kostete 10 Mark und 2 Schillinge. Als am 18. September 1844 anlässlich des 58. Geburtstags des dänischen Monarchen die 105 km lange Strecke der „König Christian des Achten Ostseebahn" eröffnet wurde, war Storm schon wieder nach Husum zurückgekehrt und konnte nicht mehr von der Neuerung profitieren. Jetzt dauerte die Fahrt von Altona nach Kiel nur noch zweieinhalb Stunden und kostete in der dritten Klasse bloß 2,50 Mark.

In Husum verlobte sich inzwischen ein junger Advokat mit seiner Kusine, aber die Väter beschlossen, die Liebenden sollten bis zur Trauung zwei Jahre warten. Also mussten die beiden längere Zeit getrennt voneinander leben: Theodor in Husum und Constanze in Segeberg. Eine aus heutiger Sicht geringe Entfernung, 130 Kilometer und mit dem Auto in einer Stunde und vierzig Minuten bequem zu schaffen. Aber zu Storms Zeiten sah das anders aus. Der verliebte Dichter musste zunächst mit der Kutsche ins südlich von Husum gelegene Friedrichstadt fahren, wo er ein Dampfboot besteigen konnte, das ihn die Eider aufwärts bis nach Rendsburg brachte. Wie das zuging, hat er uns in seinen Erinnerungen anschaulich beschrieben:

»[…] nach dem benachbarten Friedrichstadt, der saubereren Treenestadt, wo mir ein Onkel wohnte, fuhren wir in trockner Sommerzeit auf dem Marschboden, wie auf einer ebenen Diele; in der Regenzeit und im Wintertauwetter war es um so schlimmer, statt der sonst anderthalb Stunden kam man unter vier Stunden nicht zur Stelle, Schritt für Schritt ging es, die Pferde traten tief in den durchweichten Boden und zogen schwer ihre Hufen aus der sich um dieselben ansaugenden fetten Tonerde; erzählt wurde dabei gewöhnlich, daß schon Pferde den Fuß nackt, ohne die hornene Hufbedeckung wieder heraus gezogen hätten.«

In Rendsburg wurde zumeist im Hotel „Zum Prinzen" am Schlosspark übernachtet. Am nächsten Morgen ging es dann mit der im September 1845 eröffneten Eisenbahnlinie nach Neumünster, wo wieder die Postkutsche bestiegen werden musste, um über Rickling nach Segeberg zu gelangen.

Da kann man sich lebhaft vorstellen, wie sehr sich die Husumer Bürger danach sehnten, dass endlich auch die bedeutendste Stadt an der schleswig-holsteinischen Westküste an das seit den 1840er Jahren entstehende Eisenbahnnetz angeschlossen wurde. Als es dann am 4. Oktober 1854 endlich so weit war und die Eisenbahnlinie Flensburg – Oster-Ohrstedt – Husum – Tönning eröffnet wurde, lebte Storm bereits seit mehr als einem Jahr im preußischen Exil. So konnte er von der „König Frederik VII. Südschleswigsche Eisenbahn" zunächst nicht profitieren und musste damit zufrieden sein, dass ihn das neue Verkehrsmittel zumindest von seinem Wohnort Potsdam schnell und bequem in einer halben Stunde nach Berlin transportierte, wo er sich regelmäßig mit seinen Freuden vom „Tunnel über der Spree“ traf.

Die Flensburger und die Husumer konnten von Oster-Ohrstedt sogar mit der Zweigbahn nach Rendsburg fahren, und alle Nordfriesen gelangten seit 1856 von dort über Neumünster und Elmshorn nach Altona. Damit begann auch für die Familie Storm bei Reisen von ihrem neuen Domizil Heiligenstadt in die Heimat das Eisenbahnzeitalter. Umständlich blieb es allemal, wenn man aus dem abgelegenen Eichsfeld nach Göttingen und von da aus nach Hamburg reisen wollte. Da Altona zum Königreich Dänemark gehörte, war dort auch das schleswig-holsteinische Eisenbahnnetz zu Ende; erst 1866 wurde die Verbindungsbahn nach Hamburg eröffnet. Allerdings hielten die von Altona kommenden Züge im Bahnhof Klostertor; Reisende konnten erst im alten Berliner Bahnhof in den Zug nach Deutschland steigen. Im Jahre 1870 ersetzte dann der Neubau des Hamburger Hauptbahnhofs die beiden alten Stationen.

Storm hat zwar keine Eisenbahngeschichten geschrieben, aber in seinen 1873 verfassten Erinnerungen „Von heut‘ und ehedem“ schildert er ein Ereignis, das seiner Frau Constanze während einer Eisenbahnfahrt zustieß.

»Bei einer solchen Heimatsreise vermochte sie einst auf einem größeren Bahnhofe das verlassene Coupé nicht wiederzufinden, und irrte, nur von einer Magd begleitet, mit ihrer Kinderschar auf dem weiten Perron umher, als ein junger Offizier sich zu ihnen fand und mit gutmütiger Höflichkeit ihr seine Hülfe anbot. Sie nahm das dankend an; als sie jedoch bemerkte, daß er sein Augenmerk nur auf die zweite Wagenklasse richtete, wandte sie sich gegen ihren höflichen Begleiter und sagte: „Wir fahren dritter Klasse!“

Auf dieses Wort hin sah sie zu ihrem Erstaunen den jungen Mann spurlos und auf Nimmerwiederkehr im Gewühl verschwinden; und erst später kam es ihr zum Bewußtsein, daß es denn doch wohl gegen die Standesehre sein müsse, im Dienste einer Frau gesehen zu werden, welche dritter Klasse fuhr.«

Auch Theodor nutzte die Errungenschaften der neuen Technik mehrfach, da er ja nur deshalb aus seiner Heimat fortgezogen war, weil er nach der gescheiterten Schleswig-Holsteinischen Erhebung nicht weiter als Advokat im dänischen Gesamtstaat arbeiten durfte. Reisen in die Heimat waren ihm dagegen nicht verwehrt. Und so konnte er sich nun während seines Heimaturlaubs durch die vertraute Südermarsch und nach Eiderstedt schaukeln lassen, nachdem er in Husum den Zug im „Englischen Bahnhof“ bestiegen hatte:

»Unser Freund, der kleine muntere Bahnhofsinspektor, ging neben mir auf dem Perron. „Besorgen Sie den Herrschaften einen guten Platz!“ rief er mit einer seiner resoluten Handbewegungen; und der Schaffner, an den diese Worte gerichtet waren, schlug eine Tür des hintersten Wagens auf. „Hier“, sagte er; „es schaukelt nur ein wenig.“«

Dreimal täglich konnte man so von Husum nach Flensburg oder in die entgegengesetzte Richtung nach Tönning fahren, und die Schaukelei bis an die Eider dauerte mit dem Mittagszug nur eine halbe Stunde. Damit die Fahrt auch ohne Unfall vonstatten ging, versprach John S. Louth, der Betriebs-Dirigent der von Engländern gebauten und betriebenen Eisenbahn am unteren Ende der auf allen Bahnhöfen ausgehängten Fahrpläne:

»Die resp. von Flensburg, Tönning und Rendsburg abgehenden Züge, müssen alle drei in dem Vereinigungspunkt der Haupt- und Zweigbahn, Station Oster-Ohrstedt, angekommen sein, bevor irgend einer der Züge von der genannten Station nach Flensburg, Tönning oder Rendsburg abgehen darf.«

Als die Storms 1864 in ihre Heimatstadt zurückkehrten, hatte der Aufbau des Eisenbahnnetzes bereits gewaltige Fortschritte gemacht, und er wurde 1871 nach der Gründung des Deutschen Reiches überall forciert. Nun konnten sie ihre größeren Reisen weitgehend mit der Eisenbahn unternehmen. Storm reiste mit ihr zum Beispiel 1865 zu Iwan Turgenjew nach Baden-Baden, 1872 nach Salzburg zu Alexander Schindler, 1884 zu Theodor Fontane nach Berlin und 1886 nach Weimar zur Jahresversammlung der Goethe-Gesellschaft. Diese Reisen waren immer zeitaufwändige Angelegenheiten, da der Dichter mehrere Orte besuchte und auch Abstecher unternahm.

Einmal übernachtete er sogar in einem Bahnhof. Das war vom 2. auf den 3. September 1865, als er seine Fahrt nach Baden-Baden unterbrach, um die attraktive Schriftstellerin Elise Polko (1823-1899) zu besuchen. Sie war mit dem Ingenieur und Betriebsdirektor bei der Köln-Mindener Eisenbahn, Eduard Polko, verheiratet und wohnte in der ersten Etage des Mindener Hauptbahnhofs. Mehr als eine Seelenverwandtschaft, die in der gemeinsamen Liebe zur Poesie gründete, entwickelte sich in der nüchternen Atmosphäre moderner Technik zwischen den beiden allerdings nicht.

Die Eisenbahn war sogar einer der Gründe dafür, dass Storm im Jahre 1880 Husum verließ und sich mit seiner Familie in Hademarschen niederließ, wo sein Bruder Johannes einen großen Holzhandel betrieb. Denn nachdem 1877 die Strecke Heide-Neumünster eingeweiht worden war, die mitten zwischen den Dörfern Hademarschen und Hanerau hindurchführte, erhoffte sich Storm regelmäßige Besuche von Freunden aus Mittel- und Süddeutschland, die sein neues Domizil mit der Eisenbahn bequem erreichen konnten, denn die neue Station „vor der Thür" lag näher an Kiel und Hamburg als an Husum. Ganz begeistert schrieb er Mitte August an seinen Freund Erich Schmidt: „Ich gehe von hier mit dem Festzuge der neu eröffneten Eisenbahn, die mein Bruder wesentlich mit in's Leben gerufen hat; eigentlich fahre ich nicht gerne so mit den ersten Zügen; es ist Alles noch nicht fest."

Es blieb aber bei seltenen Stippvisiten entfernt wohnender Freunde, denn trotz des mittlerweile fortgeschrittenen Ausbaus des Eisenbahnnetzes war das Reisen nach wie vor eine zeitraubende, anstrengende und teure Angelegenheit. Lediglich die Besuche bei Freunden in Heide wurden nun für die Storms einfacher und man veranstaltete sogar einen regelmäßigen „Klubb" mit der Familie Eckermann. Auch konnte man mit der „Westholsteinischen Eisenbahn-Gesellschaft" von Heide über Weddinghusen nach Karolingenkoog fahren, von wo aus seit 1879 eine Dampf-Fähre die Reisenden über die Eider setzte. In Tönning brauchten die Storms dann bloß noch in den Zug nach Husum zu steigen, wo sie schon nach einer knappen halben Stunde eintrafen. Aber auch diese bescheidene Reise dauerte noch im Sommer 1887 insgesamt sage und schreibe vier und eine halbe Stunde.

Als Storms Münchener Freund Paul Heyse im Sommer 1881 eine Kur auf Sylt machte, musste er auf der Rückreise natürlich bei seinem Freund in Hademarschen Station machen; Storm schlug ihm auf einer Postkarte am 30. August vor:

»Deine beste Route ist über meine Vaterstadt Husum, dann kannst Du Mittags 2 Uhr hier sein; fährst du Jübek-Neumünster, so musst du, meine ich 3 St. in N. Münster warten, während es über Husum-Tönning direct geht; von Jübek nach Husum mag ca ¾ St. sein, von da nach Tönning ca ¾ St. Dann geht es sofort per Steamer über die Eider (etwa 6-7 Minuten). Vom Tönninger Bahnhof mit dem Menschenstrom an die Eider, und dort im Billet-Pavillon Billet bis Hanerau (so heißt die Station, sie liegt aber in unserm Dorfe) worin das Überfahrtbillet eingeschlossen; die Fahrt dauert 1½ Stunden. Zuerst nimmst Du Billet bis Tönning. Wenn ich nur bestimmt weiß, wann Du kommst, so kann ich Dich bei dem Billet-Pavillon in Tönning in Empfang nehmen.«

1886 entschloss sich der mittlerweile berühmte Dichter, der Einladung Erich Schmidts zu folgen, der die Leitung des Goethe-Archivs in Weimar übernommen hatte, und reiste zur ersten Jahresversammlung der neu gegründeten Goethe-Gesellschaft. An Ferdinand Tönnies, der ihn begleiten sollte, schickte er am 20. April einen detaillierten Reiseplan mit allen Zugverbindungen, die er sich aus dem aktuellen Taschenfahrplan herausgeschrieben hatte.

Und so sollte die Reise verlaufen: Die Abfahrt von Hademarschen war für Donnerstag, den 29. April nachmittags um viertel nach zwei geplant; man wollte in Hamburg übernachten und am 30. April um halb neun über Lehrte, Braunschweig, Börsum, Seesen nach Herzberg fahren, wo auf den 1. Mai noch einmal übernachtet werden musste, dann sollte es um halb zehn über Nordhausen, Sondershausen und Erfurt nach Weimar weiter gehen, wo man nachmittags um halb drei einzutreffen hoffte. Die Reise dauerte also zwei volle Tage, und Storm musste mit Tönnies neunmal umsteigen. Wer heute um 13 Uhr in Hademarschen in den Bus nach Itzehoe steigt, gelangt mit dem Zug nach dreimaligem Umsteigen noch am selben Abend kurz nach 20 Uhr an sein Ziel.

Im Frühsommer 1887 plante Storm, mit seiner Tochter Lucie nach Sylt zu reisen. Zuvor jedoch verbrachte er eine längere Zeit in Husum, wo ihn sein zweitältester Sohn mit einer Kutsche vom Bahnhof abholte. Während der nächsten Tage fand er Zeit, die Badereise vorzubereiten, die man recht bequem von Husum aus mit dem Schiff unternehmen konnte. Allerdings musste man damals noch in Wyk auf Föhr übernachten.

Und noch einmal war Storm bereits da, aber die Eisenbahn ließ wegen Verzögerungen der Bauarbeiten auf sich warten. Mittlerweile hatte man nämlich die so genannte Marschbahn in Angriff genommen, mit der die gesamte Westküste der Provinzen Schleswig und Holstein für den Güter- und Personenverkehr erschlossen werden sollte, und die Husumer hofften, schon Anfang August die neue Verbindung nutzen zu können.

Die Marschbahn ging aus der Glückstadt-Elmshorner Eisenbahn-Gesellschaft hervor, die kurz nach der Inbetriebnahme der Strecke Altona-Kiel im Jahre 1844 eine Bahnlinie von Elmshorn nach Glückstadt gebaut hatte. 1857 erfolgte eine Verlängerung bis an die Stör vor Itzehoe, 1878 wurde der Fluss mittels einer Drehbrücke gequert und die Strecke bis Heide zum Bahnhof der Bahnstrecke Neumünster-Heide verlängert.

1886 begann der Weiterbau der Strecke, am 1. September wurde Lunden erreicht. Dann aber verzögerten sich die Arbeiten beim Bau der Eiderbrücke bei Friedrichstadt, so dass die Strecke bis Husum und weiter über Niebüll nach Tondern noch nicht befahren werden konnte, als Storm seine Syltreise in Angriff nahm.

Allerdings gab es bereits vor Eröffnung der neuen Strecke die Möglichkeit, in einem Tag, also ohne die lästige Übernachtung auf Föhr, Sylt zu erreichen, und zwar mit der alten Südschleswigschen Eisenbahnlinie Tönning-Flensburg, deren Streckenführung man inzwischen mehrfach verändert hatte und die nach Jütland hinauf verlängert worden war. So konnte Storm Anfang August 1887 im alten Husumer Staatsbahnhof gemeinsam mit seiner Tochter und mit Ferdinand Tönnies ein Coupé besteigen und über Jübek, Flensburg und Tingleff nach Tondern fahren, von wo aus die Reise nach Westerland per Kutsche und Dampfschiff fortgesetzt wurde. Mühsam war diese Eisenbahnreise allemal; wenn man um 6.11 Uhr in Husum abfuhr, langte man nach zweimaligem Umsteigen um 9.35 Uhr in Tondern an; die um 9.12 Uhr von Husum abgehende Zugverbindung benötigte sogar fast viereinhalb Stunden. Und von Tondern galt es, mit der Pferdekutsche die Dampfschiffe „Sylt“ oder „Westerland“ in Hoyerschleuse zu erreichen, die die Reisenden nach einer zweieinhalbstündigen Überfahrt in Munkmarsch auf der Insel anlandeten. Dann erreichte man abermals nach einer halben Stunde mit dem Fuhrwerk Westerland.

Als die Marschbahn am 17. Oktober 1887 bis Bredstedt und am 15. November bis Niebüll eröffnet wurde, war der Dichter längst wieder auf dem gleichen Wege in sein Haus nach Hademarschen zurückgekehrt, wo er am 14. September seinen 70. Geburtstag feierte.

Anfang 1888 wurde die Marschbahn von Niebüll weiter nach Norden über Tondern mit einer Anschlussbahn nach Hoyerschleuse (mit Fähranschluss nach Sylt) fertig gestellt, aber Storm nutzte die neue Verbindung lediglich, um zur traditionellen Winterreise von Heide nach Husum zu fahren. Die Fahrtzeit betrug nun nur noch etwas mehr als eine Stunde. In Husum war auch ein neues Bahnhofsgebäude entstanden, der Marschbahnhof an der heutigen Nordbahnhofstraße, an dem die Züge aus Richtung Heide hielten, nachdem sie den Husumer Hafen auf einer 34 m langen Drehbrücke überquert hatten.

Noch ein letztes Mal wurde der Dichter mit der Eisenbahn in seine Heimatstadt transportiert. Storm starb in Hademarschen am 4. Juli 1888. Am 7. Juli wurde sein Leichnam (nach einem Bericht seiner Tochter Gertrud) in einem mit Blumen und Tannengrün geschmückten Sarg nach Husum überführt, wo er um 4 Uhr nachmittags auf dem Marschbahnhof eintraf und danach unter großer Anteilnahme der Bevölkerung auf dem St. Jürgenfriedhof in die Storm-Woldsen'sche Familiengruft hinab gesenkt wurde.

Mindestdeutsch für Japaner

Die meisten Touristen aus Asien erkunden Europa im Geschwindschritt; man begegnet ihnen allein, zu zweit oder in Gruppen in Berlin, London, Paris, Madrid oder Rom an den wichtigsten Sehenswürdigkeiten, vor denen sie sich gern fotografieren lassen. So schnell wie sie gekommen sind, verschwinden sie auch wieder und eilen zur nächsten Attraktion.

Einige aber verweilen länger. Japaner, die zum Beispiel Deutsch lernen, möchten das Land gerne genauer kennen lernen, mit dem sie sich in ihrer fernen Heimat nur theoretisch beschäftigt haben. Deshalb planen sie einen längeren Aufenthalt im Land ihrer Sehnsucht ein. Auf einen solchen Besuch können sich Reiselustige aus Nippon mit einem Lehrbuch vorbereiten, das den Titel „Mindestdeutsch“ trägt und elementare Sprachkenntnisse vermitteln soll.

Verfasst hat das in Japan gedruckte Buch der Germanistik-Professor Hiroyuki Tanaka mit Unterstützung seiner Ehefrau Mari. Beide sind ausgewiesene Storm-Kenner und haben Deutschland viele Male bereist. Professor Tanaka kennt sich in der Goethezeit gut aus und hat mehrfach Weimar besucht; natürlich ist er Mitglied der Goethegesellschaft und der Theodor-Storm-Gesellschaft. Als Fachmann für die Literatur des poetischen Realismus hat er auch eine Reihe von wissenschaftlichen Arbeiten über den Husumer Dichter veröffentlicht. Häufig waren er und seine Frau Gäste der Storm-Stadt, und beide haben hier auch an wissenschaftlichen Symposien teilgenommen. In seiner Heimat hat er vor 25 Jahren die japanische Storm-Gesellschaft mitbegründet und vertritt sein Land immer wieder auf internationalen Kongressen. So hat er sich intime Kenntnisse der deutschen Kultur erworben, auf die er für sein ambitioniertes Projekt zurückgreifen konnte.

In 12 Lektionen reist der vom Ehepaar Tanaka erfundene japanische Student Akira Mori durch Deutschland. Er stammt aus Kyūshū (dt. neun Provinzen), der mit einer Fläche von 35.640 Quadratkilometern drittgrößten und mehr als 13 Millionen Einwohnern zweitbevölkerungsreichsten Insel Japans. Die Insel Kyūshū ist die südlichste der vier Hauptinseln und im Gegensatz zu Norddeutschland sehr gebirgig.

Akira studiert in München Germanistik und lernt dort Petra Klein kennen, die ihrerseits Japanologie studiert. Gemeinsam fahren die beiden los und besuchen verschiedene Orte unseres Landes, darunter Petras Vaterstadt Weimar und – Husum! Natürlich ist Theodor Storm der Grund für diesen Besuch, so wie Goethe der Grund für die Fahrt nach Weimar ist.

In Japan wird das Wissen über Deutschland vor allem durch Literatur vermittelt, und so spielt der Husumer Dichter neben Goethe und Thomas Mann eine herausragende Rolle. Auch in China und Indien lesen Studenten, die Deutsch lernen, Storms „Immensee“ und den „Schimmelreiter“ in der Originalsprache, von Mao Tse-tung weiß man sogar zu berichten, dass er Storms Lyrik ganz besonders geschätzt habe. Die hat er allerdings in einer englischen Übersetzung gelesen.

Die deutsche Sprache und Kultur spielen in Japan eine große Rolle, wenn es um Europa geht. Zwar lernen heute die meisten Japaner Englisch als erste Fremdsprache, aber es gibt eine Tradition des Deutschen vor allem an medizinischen Hochschulen. Als nämlich an der Wende des 19. zum 20. Jahrhundert Japan sich für westliche Kultur zu interessieren begann, holte man vor allem deutsche Ärzte ins Land, um von ihnen die westliche Medizin kennen zu lernen. Auch Juristen und angehende Militärs lernten diese Sprache, weil Deutschland damals als Tor zur Welt galt. In dieser Phase der Öffnung nach Westen waren Deutschkenntnisse erforderlich, damit die angehenden Ärzte ihr Fachwissen aus den deutschsprachigen Büchern schöpfen konnten. Noch heute gibt es an zahnmedizinischen Hochschulen Lehrstühle für Germanistik und einige Studenten lernen unsere Sprache, um sich intensiv mit der deutschen Geschichte und Gegenwart auseinanderzusetzen.

Das japanisch-deutsche Pärchen, das in München studiert, beschließt, mit dem Zug nach Husum zu fahren und die Stadt auf den Spuren Theodor Storms zu erkunden. Was erfahren die japanischen Deutsch-Schüler in den Lektionen über die graue Stadt am Meer? Zunächst, dass sie weit im Norden Deutschlands an der Nordsee liegt. Am Hafen steigen sie in einem preiswerten Hotel ab, probieren gleich ein Krabbenbrötchen und Akira verrät Petra, die erst später zu Abend essen möchte, die Bedeutung eines schönen japanischen Sprichwortes: zen-wa isoge: Tue etwas Gutes schnell!

Am nächsten Morgen nach dem Frühstück besichtigen sie das Literaturmuseum in der Wasserreihe, das von der Theodor-Storm-Gesellschaft unterhalten wird, und lassen sich vom Ambiente des alten Hauses ins 19. Jahrhundert zurückversetzen. Dieses Haus hat der Dichter mit seiner Familie von 1866 bis 1880 bewohnt. Es ist ein altes Husumer Kaufmannshaus mit 14 Zimmern und stammt aus dem Jahre 1730. Das Treppenhaus, die Flure, Decken und Türen sind original aus dieser Zeit bzw. aus der Stormzeit erhalten. Das Museum bietet seinen Besuchern eine Fülle von Objekten, die werkbiografische Zusammenhänge veranschaulichen können, also historische Zeugnisse wie Möbel, Bilder, Handschriften, Drucke und andere Dokumente, die aus Storms Besitz oder dem der Familie bzw. des Freundeskreises stammen, und die auf jeweils spezifische Details im Leben des Dichters verweisen. Ihre didaktische Funktion erhalten diese Dokumente, wenn an ihnen der Zusammenhang mit einem literarischen Werk Storms verdeutlicht werden kann (Entstehung, Quellen, autobiografische Bedeutung, Rezeption), weil sie dann eine zweite Ebene der Anschauung bilden, die zur Vorstellung hinzutreten kann, die sich der Leser von einem literarischen Werk bereits gebildet hat.

Mancher wirkliche Landsmann Akiras klopft bei solcher Gelegenheit auch im Storm-Archiv an und verblüfft die dortigen Mitarbeiter mit seinen guten Deutschkenntnissen und vor allem mit der vielen Japanern eigenen Belesenheit in der deutschen Literatur.

Danach gehen die beiden jungen Leute zum Markt. Petra erweist sich als wohlinformierte Fremdenführerin und weiht Akira vor Ort in die Details der Storm'schen Familiengeschichte ein. Der kennt bereits einige Erzählungen Storms, so die bekannte Chroniknovelle „Aquis submersus", lässt sich den berühmten Vergänglichkeitsspruch zeigen, der in ein Haus an der westlichen Marktseite eingemauert ist und kann ihn sogar mit Theodor Storm ins Hochdeutsche übersetzen: „Gleich so wie Rauch und Staub verschwindt,/ Also sind auch die Menschenkind." Aber auch die weniger bekannte Künstlernovelle „Ein stiller Musikant" hat er bereits in der Originalsprache gelesen.

Die beiden sehen sich weitere Storm-Häuser in der Stadt an, darunter das Geburtshaus und das Wohnhaus in der Neustadt, wo Storm mit seiner jungen Familie wohnte und wo er seine frühe Novelle „Immensee" geschrieben hat. Dann wandern sie an der nüchtern-klassizistischen Marienkirche vorbei, die Petra im Vergleich zu süddeutschen Barockkirchen „etwas fade" findet, hinaus zu Storms Grab auf dem St. Jürgen-Friedhof. Auch hier – unter den mächtigen Linden westlich des im Volksmund „Kloster" genannten Altenstifts der Stadt Husum – erweist sich Akira als intimer Storm-Kenner, denn er erinnert sich an seine Lektüre der Novelle „In St. Jürgen" und nennt die Erzählung von der Vergänglichkeit „eine schöne traurige Geschichte".

Husum und die gemeinsamen Spaziergänge durch die Stormstadt haben die beiden jungen Leute einander näher gebracht. Schon im nächsten Jahr will Petra Akira in seiner japanischen Heimat besuchen. Ob sich daraus eine Liebesgeschichte entwickelt wie in „Immensee“? Dann müsste Akira – anders als Reinhardt in Storms Novelle – das rechte Wort zum rechten Zeitpunkt aussprechen! Aber dafür ist er nach seinem Sprachstudium mit Professor Tanakas Deutschbuch ja gut vorbereitet.

Aus vier mach eins

Mit „kindlich frommen Augen" nimmt man Details sehr genau wahr, wenn man Bild- und Schnitzwerke in Kirchen betrachtet, die aus dem Halbdunkel der Sakralräume „in geheimnisvollem Schweigen" aufblicken. Theodor Storm hat solche Erfahrungen in Husum nur bedingt machen können, war doch in den Jahren seiner Kindheit und Schulzeit der Platz inmitten der Stadt vakant, wo bis Anfang des Jahrhunderts die gotische Marienkirche gestanden hatte, die von den überlegt kalkulierenden Bürgern wegen Baufälligkeit abgerissen und deren wertvolles Inventar verschleudert worden war. Es dauerte fast dreißig Jahre, bis die neue Marienkirche eingeweiht werden konnte, ein klassizistischer Bau, dessen nüchternem Inneren ein eher rationales Verständnis des christlichen Glaubens entspricht. Mystische Erfahrungen, wie sie die Betrachtung sakraler Kunstwerke aus der Gotik oder der Renaissance in einer entsprechenden Raumarchitektur auszulösen vermag, können sich in Husums Stadtkirche heute kaum noch einstellen.

Als Storm im Herbst 1875 mit der Niederschrift der Novelle „Aquis submersus" begann, wollte er eine solche naive Bildwahrnehmung mit einer kräftigen magischen Imagination verbinden, um seinen jugendlichen Protagonisten zu motivieren, den rätselhaften Hintergründen eines geheimnisvollen Knabenportraits nachzuspüren. Dieser hatte nämlich gemeinsam mit einem Schulfreund in der Kirche ein Totenbild gesehen, das in seiner empfindsamen Seele eine unerklärliche Sehnsucht nach Verständnis und Deutung erweckte. Beim Vater des Freundes, der Pfarrer an jener Dorfkirche war, versuchten die Jungen mehr über das Schicksal des toten Kindes zu erfahren. Aber es musste bei Vermutungen bleiben, denn damals konnte noch kein Tor ins Land der Vergangenheit aufgestoßen werden. Das gelingt dem erwachsenen Erzähler erst etwa 15 Jahre später, als er reif genug ist, die Spuren aufzunehmen, die ihm Kunde von dem geben konnten, was damals geschehen war.

Storm musste in seiner Erinnerung fast vierzig Jahre zurückgreifen und sich in die Erfahrungswelt seiner Kindheit zurückversetzen. Damals hatte ihn die Ausstattung einer Kirche in Schrecken versetzt:

»Da hing mitten in die Kirche hinab ein schrecklich übermenschlicher Crucifixus, dessen hagere Glieder und verzerrtes Antlitz mit Blute überrieselt waren; dem zur Seite an einem Mauerpfeiler haftete gleich einem Nest die braungeschnitzte Kanzel, an der aus Frucht- und Blattgewinden allerlei Tier- und Teufelsfratzen sich hervorzudrängen schienen. Besondere Anziehung aber übte der große geschnitzte Altarschrank im Chor der Kirche, auf dem in bemalten Figuren die Leidensgeschichte

Christi dargestellt war; so seltsam wilde Gesichter, wie das des Kaiphas oder die der Kriegsknechte, welche in ihren goldenen Harnischen um des Gekreuzigten Mantel würfelten, bekam man draußen im Alltagsleben nicht zu sehen; [...].«

Wenn man mit dieser Beschreibung losgeht, um auf Storms Spuren jene Kirche zu besuchen, die das Vorbild für die Dichtung gewesen sein könnte, kann man lange suchen. Storm hat nämlich in seiner Fantasie die Erinnerungen an vier verschiedene Kirchen aus seiner Umgebung zu einem einzigen Handlungsraum zusammengefügt.

Ich will die vier Ausstattungselemente an ihren wirklichen Orten besuchen, um am eigenen Leib zu erfahren, wie sie heute auf mich wirken. Auf meiner Fahrt nach Hattstedt nehme ich statt der neuen Trasse der B5 die parallel dazu verlaufende alte Husumer Landstraße. Schon von Ferne grüßt der hohe Turmhelm der stattlichen Kirche, der alle Gebäude des Geestdorfes überragt. Am südlichen Dorfrand wende ich mich nach links und stehe bald am Friedhof, durchschreite das breite Tor und trete durch die zentrale Westtür ein.

An der Ostseite des Schiffes hängt links das große Triumphkreuz, das Jesus nach seinem Tod zeigt. Das Kreuz aus der zweiten Hälfte des 15. Jahrhunderts ist als Baum des Lebens gestaltet und weist an seinen Enden die Symbole der vier Evangelisten auf. Es handelt sich also um ein Bildnis von Christus, der den Tod überwunden hat.

Von solcher Symbolik wollte der junge Theodor Storm nichts wissen, ihm war aber der am Kreuz hängende Corpus aufgefallen, ein schrecklich zu Tode gemarterter Mensch mit blutüberströmten hageren Gliedern, das Antlitz erscheint ihm verzerrt. Später hat er in seinem Gedicht „Crucifixus“ die bildliche Darstellung des Gekreuzigten so beschrieben: „Am Kreuz hing sein gequält‘ Gebeine,/ Mit Blut besudelt und geschmäht.“ Für Storm bedeuteten solche Darstellungen eine Erinnerung an den „alten Frevel“ und sie waren ihm ein „Bild der Unversöhnlichkeit“. Damit übte er Kritik an der Vorstellung von einem Gott, der seinen Sohn in der Todesstunde verlassen hatte.

Ich fahre zurück nach Husum und verlasse die historische Innenstadt in Richtung Osten. Im St. Jürgen-Stift, einer alten Einrichtung der Stadt Husum zur Altenpflege, betrete ich eine Kapelle, die wohl ursprünglich einmal die zweite Stadtkirche Husums gewesen ist. Im Westen leuchten die Glasfenster in der Abendsonne; draußen ruht der Dichter in seiner Familiengruft.

Während Storms Kindheit hatte die Kapelle diese Funktion für einige Jahrzehnte erneut und wenn die Schüler der Husumer Gelehrtenschule in den ersten Jahrzehnten des 19. Jahrhunderts den Gottesdienst besuchten, dann saßen sie auf den Stühlen der heutigen Kapelle und die in den ersten Reihen Sitzenden konnten während der Predigt das braune Holz der Kanzel mit seinen plastischen Schnitzereien sehen.

Ich starre lange hin im Halbdunkel des kleinen Kirchenraums, plötzlich beginnt das Schnitzwerk zu leben; da windet sich Blatt um Blatt; Stängel wachsen heraus, die kleinen Köpfe öffnen die Mäuler, rollen mit den Augen und starren mich durchdringend an. Aber ich kann mich nicht abwenden und mag den Blick nicht von ihnen nehmen; etwas lähmt mich, ich möchte einschlafen, will aber wach bleiben, ganz und gar wach, um nicht die Kontrolle zu verlieren.

Wie ein Nest ist die Kanzel dem Knaben erschienen, die an die Nordwand der Kapelle geheftet war. Im Schnitzwerk erkennt man florale Motive, Blattgewinde mit Früchten, aber auch allerlei Tiere und Gesichter, die Storm als Teufelsfratzen gedeutet hat.

Um weitere Erfahrungen zu sammeln, muss ich von Husum aus nach Süden fahren, an den Geestrand, vor dem sich die Eider-Treene-Niederung ausbreitet. – Auf dem Dach der Schwabstedter Kirche steht ein Storch und blickt vom hohen Nest zur Treene hinüber, deren feuchte Wiesen während der Frühsommermonate die Ernährung seiner Familie sicherstellen. Im Inneren der kleinen romanischen Kirche, die um das Jahr 1000 aus Feldsteinen erbaut wurde, fällt mein Blick sogleich auf den großen, prächtig vergoldeten Altar.

Das spätgotische Werk aus dem Anfang des 16. Jahrhunderts ist eines der eindrucksvollsten Kunstwerke im Lande. Es hatte seinen Platz ursprünglich in der gotischen Marienkirche in Husum, wurde aber nach dem

Abriss im Jahre 1807 verkauft. Der Mittelschrein stellt eine in Holz sehr fein geschnitzte Kreuzigungsgruppe dar. Jesus hängt an einem sehr hohen Kreuz, eingerahmt von den zwei Schächern. Er wirkt schon weit entrückt von dem Geschehen, das sich unterhalb seiner festgenagelten Füße auf dem Erdboden abspielt. Man kann dort mehrere Menschengruppen unterscheiden: Unter dem Kreuz stehen die römischen Soldaten mit Lanze und Schwamm; im Vordergrund links knien Maria, Magdalena und Johannes in bewegter Trauerpose; sie schauen nicht zum sterbenden Jesus empor, sondern blicken auf eine Gruppe von Soldaten in der Mitte der Szene, die um das Kleid des Herrn würfeln. Die Fassung der Schnitzereien ist in Blau und Rot gehalten; die Kleider der Figuren aber und das filigrane gotische Schnitzwerk sind aufwändig vergoldet und verleihen der Darstellung einen fast überirdischen Glanz.

Auch auf den jungen Storm hat diese verschwenderische Pracht ihre Wirkung nicht verfehlt, denn er nimmt das „holde Antlitz der am Kreuze hingesunkenen Maria“ wahr und erinnert sich sogar, dass sie in ihm eine „phantastische Neigung“ auszulösen vermochte, die allerdings durch die Schrecken der übrigen Darstellung verdrängt worden sei. Denn die wilden Gesichter der Soldaten und ihr frevlerisches Tun übte auf ihn eine Anziehung aus, die er als den Reiz des „Geheimnisvollen“ beschreibt. Um welches Geheimnis geht es hier? Vielleicht um die Frage, wieso die Lebenden in der unmittelbaren Gegenwart von Sterbenden solchen profanen Tätigkeiten nachgehen können, wie es die rohen Kriegsknechte tun?

Aber der Betrachter in der Novelle wird zum dritten Mal an den Tod gemahnt. Inmitten dieser Schrecken, die den Kirchenraum erfüllen, nimmt Storm das Antlitz eines Menschen wahr, „das unschuldige Bildnis eines toten Kindes, eines schönen, etwa fünfjährigen Knaben, der, auf einem mit Spitzen besetzten Kissen ruhend, eine weiße Wasserlilie in seiner kleinen, bleichen Hand hielt." Aus diesem toten Antlitz „neben dem Grauen des Todes" spricht „noch eine letzte Spur holden Lebens" den erschütterten Knaben „wie hülfeflehend" an und löst immer dann ein „unwiderstehliches Mitleid" aus, wenn der Erzähler vor dem Bild steht.

Diesmal fahre ich von Husum aus nach Norden und erreiche nach wenigen Kilometern die Geestsiedlung Drelsdorf. In der dortigen Kirche hängen an der nördlichen Wand des langen Kirchenschiffs vier Epitaphe einer Predigerfamilie aus dem 17. Jahrhundert. Ganz rechts sehe ich das Ölgemälde eines Knaben mit der lateinischen Inschrift „Henricus Bonnix aquis incuria servi submersus obyt Ao 1656 7. May, aetatis 10". (Heinrich Bonnix durch die Unachtsamkeit eines Knechts im Wasser ertrunken, gestorben am 7. Mai des Jahres 1656, 10 Jahre alt.) Die anderen Bilder zeigen die Eltern und die Schwester des ertrunkenen Kindes. Ich schaue zu dem Knabenbild empor, da verweilt er noch zögerlich in seinem schwarzen Kleid, eine rote Rose in der rechten Hand, die linke in die Hüfte gestützt; er blickt über die rechte Schulter zum Betrachter hinab; ganz lebendig erscheint er, aber der Text auf den schwarzen und weißen Fliesen, auf denen er steht, sagt mir, dass er sterben musste, so sinnlos früh am Morgen seines Lebens.

Da möchte man ein Flehen in seinem gequälten Blick mit den weit aufgerissenen Augen erkennen und in der leichten Körperdrehung den zaghaften Versuch zu flüchten. Und die Rätselfrage stellt sich ein: Warum? Und sie bohrt weiter: Warum so früh? Die anderen haben ihr Leben doch gelebt, die Schwester – so lässt sich aus den Jahreszahlen errechnen – zumindest 44 Jahre.

Unwiderstehlich wird der Erzähler in Storms Novelle da von einem angefleht, der gerade aus dem Leben getreten ist, ihm im Todeskampf zu Hilfe zu kommen, ihn vielleicht sogar zurück zu holen. Der Beobachter spürt Mitleid. Aber was ist das, Mitleid? – Ein Leid, das er bei anderen beobachtet und dann auf sich selbst bezieht. Es könnte ja sein eigener Tod sein, der ihn da vom Gemälde herab anblickt. Es geht also auch um das Leben unseres jungen Erzählers, der ja ebenfalls gerade am Anfang seines Weges steht. Zugleich jedoch eröffnet ihm die Fähigkeit, mit anderen zu leiden, eine Perspektive vom Tod weg zum Leben hin. Davon erzählt Theodor Storm.

Der von der Begegnung erschütterte Knabe kann das Rätsel des Todes noch nicht rational lösen; er muss zur Spekulation greifen und liegt mit seiner intuitiven Deutung gar nicht so schlecht, wenn er als aufgeweckter Lateinschüler aus jener rätselhaften Abkürzung „C.P.A.S." der Novelle folgenden Text liest „Aquis submersus culpa patris" und ihn so übersetzt: „Im Wasser versunken durch Schuld des Vaters". Als Erwachsener kann er den rätselhaften Tod dieses Knaben durch ein entsprechendes

Quellenstudium aufklären; darüber berichtet Storm in seiner Novelle. Kann der Erzähler den Tod besiegen? Gewiss nicht, das weiß er, aber er will sich von der Todesangst befreien, unter der er noch immer leidet, sonst hätte er dem Geheimnis seiner Kindertage nicht so lange nachgespürt.

Dazu bedarf es nicht der christlichen Verheißung des ewigen Lebens, die der Vater dem Menschen durch den Opfertod seines Sohnes versprochen hat. Denn Storm geht es allein ums Leben. Aus ihm erwachsen alle Freuden und Leiden, in ihm können die Menschen sich bewähren und alles auskosten, was ihnen zugeteilt ist. Storms Religion ist die Liebe des Menschen zum Menschen, die Geschlechtsliebe ebenso wie die Liebe zu Familienmitgliedern und zu Freunden. Sein durchgehendes Thema: Warum misslingen menschliche Beziehungen, wenn sie doch ganz und gar auf die unbedingte Liebe gegründet sind? Natürlich bleibt ihm der Tod ein Rätsel und die Vergänglichkeit ein immer gegenwärtiges Schrecknis; aber im tätigen Leben kann das überwunden werden.

Indem der Erzähler den toten Knaben durch seine Erinnerungsarbeit und das spätere Quellenstudium der drohenden Vergessenheit entreißt, findet er selber zurück ins Leben; der Leser erlebt also eine Katharsis ganz im ursprünglichen Wortsinn: Der Erzähler reinigt seine Seele von einer Leidenschaft, die von den Bildwerken in der Kirche ausgelöst wurden, und kann sich von seinem seelischen Konflikt emotional befreien.

Die Badestelle

Wenn die Husumer heute in der Nordsee baden wollen, müssen sie am Außenhafen und an der Schleuse vorbei weit nach Westen wandern. Am besten nimmt man dazu das Fahrrad und ist – je nach Gegenwind – in zehn Minuten an der Dockkoogspitze. Ein paar Strandkörbe stehen dort im Sommer herum, und dazwischen lagern an schönen Tagen einige hundert Menschen in der Sonne. Wer schwimmen gehen will, muss die Flut abwarten, dann kann er seine Runden vor der Steinkante drehen, denn die Landspitze vor dem Koog ist nicht eingedeicht. Damit er nicht ertrinkt, wachen die aufmerksamen Frauen und Männer von der Deutschen Lebensrettungs-Gesellschaft über sein Wohl.

Früher war das anders. In der zweiten Hälfte des 19. Jahrhunderts mussten die Husumer, wenn sie im Meer baden wollten, zu den beiden Badeflößen wandern, die an der Einfahrt zum Husumer Hafen lagen, nicht weit von dem Ort entfernt, wo heute das Sturmflutwehr die Stadt beschützt. Männer und Frauen badeten getrennt und dabei am ganzen Körper bekleidet, wie man es damals schicklich fand.

Theodor Storm erzählt in seiner Novelle „Psyche“ von einem jungen Mädchen, das einmal an einem stürmischen Sommertag ganz alleine zur Badestelle kommt, um in der bewegten Nordsee zu schwimmen. Sie schlägt die Warnungen der mütterlichen Badefrau in den Wind und steigt – wie Gott sie geschaffen hat – in die Fluten. Aber sie hat ihre Kräfte überschätzt und droht zu ertrinken. Zum Glück springen zur selben Zeit zwei junge Männer vom anderen Badefloß in die kristallklaren Fluten; einer der beiden rettet das unvorsichtige Mädchen, der andere holt Hilfe aus der Stadt. – Was ist das Besondere, das Storm von diesem banalen Ereignis erzählt?

Die jungen Menschen haben unbekleidet gebadet, da sie sich unbeobachtet fühlten. Und nun hat das Mädchen ein Problem. Sie weiß, dass ihr Retter sie nackt gesehen hat. Dadurch ist ihr Schamgefühl verletzt worden, und sie weiß nun nicht, wie sie sich verhalten soll. Sie beschließt, den Retter nie wieder zu sehen, ja sie tut alles, damit beide voneinander nie erfahren, wer der andere ist. Aber es kommt ganz anders.

Dieser Novellenanfang war ein Tabuverstoß. Über Nacktheit schrieb man im 19. Jahrhundert nicht, vor allem nicht, wenn man seine Texte in angesehenen Familienblättern wie der „Deutschen Rundschau“ gedruckt sehen wollte. Empört fragte Storms Freund Paul Heyse aus München, dem Storm die Druckbogen seiner Erzählung im Oktober 1875 zugeschickt hatte: „Baden denn Mädchen splitterfasernackt?“

Da ist dem seinerzeit berühmten Schriftsteller und späteren Nobelpreisträger eine interessante Metapher aus der Feder geflossen. Denn sein Freund aus Husum vergleicht den „jungen Körper, gleich weit entfernt von der Fülle des Weibes, wie von der Hagerkeit des Kindes“ mit dem Inbegriff der vollendeten weiblichen Schönheit, „ein Bild der Psyche, wenn es jemals eins gegeben hatte“. Dass Heyse dazu nichts anderes als das harte und aggressive „splitterfasernackt“ eingefallen ist, das den empfindsamen Sinn des Betrachters arg verletzen kann, ermöglicht uns aufschlussreiche Einblicke in seine seelische Verfassung. Aber hier geht es weder um einen Nacktbadeskandal noch um eine verdrängte Männerfantasie, sondern darum, dass sich ein junger Mensch schämt, abgrundtief schämt.

Den jungen Retter, der übrigens wie sein Gefährte ebenfalls unbekleidet gebadet hat, beschreibt Storm mit folgenden Worten: „Man hätte wünschen mögen, daß [...] außer ihnen noch ein anderes Künstlerauge hätte zugegen sein können, um sich zu künftigen Werken an der Schönheit dieser jugendlichen Gestalten zu ersättigen.“ Dieser Künstler und das Mädchen, von dem der Leser erst ganz zum Schluss erfährt, dass es Maria heißt, haben einander unbekleidet gesehen. Sie wird sich kurz nach dem Unglück im Schutz der Badebude und unter Fürsorge der alten Badefrau dieser Situation bewusst und fühlt, dass der Blick des Mannes sie zu einem Objekt seiner Begierde, zumindest aber seines Interesses gemacht hat. Das trifft sie mitten ins Herz. Die Erkenntnis, dass sie, wenn auch nur für einen Augenblick, zum Objekt des anderen wurde, löst ein neues Verhältnis des Mädchens zu sich selber aus. Das ist für sie eine völlig andere Erfahrung und war ihr bisher ganz fremd.

Was bedeutet der in Deutschland so verbreitete Vorname Maria eigentlich? Es ist die lateinische Abwandlung der hebräischen Ursprungsform Mirjam. Über die Bedeutung dieses Namens gibt es unterschiedliche Theorien; wahrscheinlich ist er vom ägyptischen mry abgeleitet, was „geliebt“ bedeutet. Aber es schwingt auch die Bedeutung des aramäischen Verbs „gedankenverloren, nachdenklich sein“ mit. Im Alten Testament steht Mirjam für eine ungezähmte, widerspenstige Frau. Und schließlich bedeuten die Bestandteile des Namens im Hebräischen „Meerestropfen“.

Ein uralter Mythos, der schon in der Schöpfungsgeschichte erzählt wird, ist in Storms Novelle wieder lebendig geworden. Als Adam und Eva die verbotene Frucht vom Baum der Erkenntnis gegessen haben, erkennen sie, dass sie nackt sind und schämen sich. Nacktheit ist hier eine Metapher für das Wissen des Menschen um das, was er selber ist. Beide können von nun an unterscheiden, was gut und böse ist, denn sie verfügen über ein Erkenntnisvermögen und sie erfahren sich als Wesen, die für ihre Handlungen selber verantwortlich sind.

Ich sehe, dass ich nackt bin, heißt: Ich habe mich so gesehen, wie ich wirklich bin. Das kann ich vielleicht ertragen oder für lange Zeit verdrängen. Wenn mich aber ein anderer so sieht, wie ich bin, fühle ich mich ihm ausgeliefert. Auf dieses Wissen reagieren schon die ersten Menschen mit Scham und wollen sich verstecken. Aber ihr Schöpfer findet sie an jedem Ort; später wird sie ihr Gewissen überall aufspüren und sie gnadenlos mit ihrem eigenen Tun konfrontieren.

Das Mädchen in Storms Novelle wurde von einem fremden Blick getroffen und es weiß, dass der, der es so anblickte, es als Erwachsene gesehen hat. Maria sieht sich mit dem Blick des anderen, und sie schämt sich. Vielleicht ist ihre Scham hier das schmerzliche Bewusstsein der eigenen Unvollkommenheit. Zumindest schämt sie sich dafür, dass der andere sie so gesehen hat, wie sie ist. Dadurch wird sie sich selbst fremd, sie erfährt sich als eine andere, als jemand, den ein fremder Mann gesehen hat, was ihr einen neuen Blick auf sich eröffnet.

Nun muss sie als Folge auch ein völlig neues Verhältnis zu sich selbst entwickeln. Davon erzählt Storms Novelle. Zunächst ruft das Mädchen: „ich wollte, er wäre tot", aber es ist ihr Retter, dem sie dankbar sein muss, und als sie erkennt, dass er auch um ihretwillen hätte sterben können, schließt sie „wie im Traum die Augen; aber dennoch sah sie ein schönes blasses Jünglingsantlitz, das in Angst und Zärtlichkeit auf sie herniederblickte". Jetzt weiß sie, dass der andere Gewalt über sie besitzt, weil sein Blick sie von ihrem bisherigen Selbstgefühl entfremdet hat.

Da läuft Maria fort, trägt aber das Bild des schönen Mannes für immer bei sich. Sie muss nun mit ihrer Scham leben und sie überwinden. Wie aber soll ihr das jemals gelingen? Mit welcher Sensibilität Storm die seelische Verfassung des jungen Mädchens in dieser Ausnahmesituation geschildert hat, ist schon bemerkenswert und gehört zu den ganz großen Leistungen seiner Poesie. Als Maria auf dem Weg nach Hause zurück in die Stadt die Gestalt des jungen Menschen von ferne eher ahnt als sieht, heißt es:

»Wie von einem jähen Schreck fuhr sie zusammen; ihr Fuß, der schon den Brettersteg am Heck betreten hatte, zuckte zurück, während ihre Arme wie zum Halt sich um den Heckpfahl schlangen. Gleich einem vom Sturm geworfenen Vogel hing sie an dem morschen Holze; ihre Lippen waren regungslos geöffnet, nur ihre dunklen Augen waren lebendig; sie folgten wie gebannt dem fernen Schatten, wie er mehr und mehr auf dem Hintergrunde der Stadt verschwand. Einen Laut, so leise wie das Springen einer Knospe, verwehte der Wind von den jungen Lippen in die leere Luft; dann schwang sie sich über den Steg und ging wie träumend weiter.«

Sie kann sich nun nicht mehr vor sich selbst verbergen; allmählich erfasst sie eine Sehnsucht nach dem ihr unbekannten Künstler, dessen Bild weiter in ihr wirkt. Welcher Weg steht für Maria noch offen? Die einzige Möglichkeit, sich selbst und damit auch die verlorene Selbstgewissheit zurückzugewinnen, ist der Versuch, die Freiheit des anderen in ihre Hand zu bekommen, indem sie sich zum ‚faszinierenden Objekt' macht, ihn also verführt. Wenn ihr das gelingt und sie den Künstler in ihren Bann zieht, sodass sie die ausschließliche Welt für den anderen wird, kann sie zu sich selbst zurück finden und muss sich nicht mehr überflüssig fühlen, weil sie nun von der Freiheit des anderen gewollt und bejaht wird.

Doch bis zum Happyend ist noch eine Weile hin. Der Künstler besitzt nur die Erinnerung an seine Psyche, bloß den kurzen Moment, in dem er sie im Arm trug und ihre unverhüllte Schönheit anschauen konnte. Diese

Erfahrung wirkt auch in ihm nach. Indem er ihr Bild aus seiner Erinnerung als Teil einer Statue in Gips nachformt und danach in der Öffentlichkeit zeigt, hält er sein Bild von ihr nicht nur lebendig, er sorgt auch dafür, dass Maria von dem viel besprochenen Kunstwerk erfährt und nun durch das Gerede der Leute zum Handeln genötigt wird.

Sie reist nach Berlin, wo das Bildwerk öffentlich ausgestellt wird: „Die Rettung der Psyche“ zeigt einen jungen Stromgott, der ein fast ertrunkenes Mädchen aus dem Wasser trägt. Davor stellt sich unser Mädchen aus Husum und wird mit einem Abbild von sich selbst konfrontiert. Statt sich in ihrer Unvollkommenheit sieht sie – wie alle anderen Betrachter auch – in dem Kunstwerk das Ideal der Schönheit. Und der Leser weiß bereits, dass es diese Erscheinung des Mädchens als Psyche in der Gestalt der Kunst ist, die den jungen Künstler tatsächlich ‚verführt‘ hat. Marie musste es noch nicht einmal selber tun. Diese Erkenntnis durchzuckt sie nun jäh und bereitet sie auf den entscheidenden Moment vor: Sie muss dem anderen offen ins Auge sehen. Storm beschreibt diesen Moment am Schluss der Novelle so:

»Nun wandte sie den Kopf, und ihre Augen trafen sich. Es war nur wie ein Blitz, der blendend zwischen ihnen aufgeleuchtet: aber das schöne, ihm zugewandte Mädchenantlitz war von einem Ausdruck des Entsetzens wie versteinert. Den schlanken Körper wie zur Flucht gebogen, und doch mit niederhängenden Armen, stand sie da; nur ihre Augen irrten jetzt umher, als ob sie einen Ausgang suchten.«

Bei diesem ersten Blick beherrscht sie noch einmal ein Fluchtinstinkt und sie erwägt – wie ein gehetztes Reh –, vor dem „furchtbaren Mann“ zu fliehen. Auch der zweite Blick führt nur dazu, dass sie wie ein Kind ihr Gesicht in den Händen zu verbergen sucht. Eine Regression also, das Animalische, das Kindliche gewinnen fast Überhand, aber nur beinahe. Theodor Storm schreibt: „Und nur einen Augenblick; noch schwankte das Zünglein der Waage zwischen Tod und Leben; aber dann nicht länger.“ Zwischen Leben und Tod? Welch unzeitgemäßes Pathos, mag der moderne Leser einwenden; aber – entgegne ich – hier handelt es sich um eine wirklich existenzielle Grunderfahrung; für die schöne Psyche geht es tatsächlich um Tod oder Leben. Und nun? Was kommt jetzt? – In ihrem naiven Urvertrauen wissen die Menschen: Aller guten Dinge sind drei. Und deshalb kann Maria dem dritten Blick endlich standhalten.

Jeder der beiden hat sich zunächst im anderen verloren; in diesem Moment des wechselseitigen Blicks aber findet jeder sich im anderen wieder und kann zu sich selbst zurückkehren. Jetzt ist sie eine erwachsene Frau. Beide sind andere geworden; selbstbewusst stehen sie einander Hand in Hand gegenüber. Er spricht endlich das erlösende Wort, sie küssen sich und Maria muss nicht mehr vor Scham erblinden.

Gespiegelte Welten

Wenn man das Storm-Haus in der Husumer Wasserreihe besucht, kann man die Novelle „Viola tricolor“ als Führer benutzen. Storm hat nämlich wie in vielen seiner Erzählungen einen Handlungsraum konstruiert, den er nach der Wirklichkeit gestaltete, die ihm durch Erinnerung oder unmittelbare Erfahrung vertraut war.

Schließt sich der Besucher diesem Hausführer an, so erkennt er in der literarischen Fiktion viele Einzelheiten wieder, die ihn im heutigen Storm-Museum umgeben: Er sieht den Eingangsbereich, die Treppe zur ersten Etage, die Flügeltür zu den Wohnräumen und vieles mehr. Die Raumdarstellung in der Novelle ist so detailgetreu dem Stormschen Wohnhaus der Jahre 1866-1880 nachempfunden, dass man Teile des Grundrisses nach der Erzählung zeichnen könnte. Nur eins verblüfft: Gegenüber der Wirklichkeit sind in der Novelle die Himmelsrichtungen vertauscht. Der Erzähler beschreibt die Eingangstür des Hauses und bemerkt, dass durch das Fenster über der Tür „ein Strahl der Abendsonne fiel“. Die wirkliche Tür aber geht nach Osten hinaus.

Tatsächlich zeigt der genaue Vergleich von Realität und Fiktion, dass Storm in seiner Vorstellung den Hausgrundriss gespiegelt hat, und zwar an einer Nord-Süd-Achse. Dies trifft auch auf jene Erzählteile zu, die in der oberen Etage des Hauses spielen. Er tat dies aus erzähltechnischen Erfordernissen, ordnete also die Elemente der Wirklichkeit nach seinen Bedürfnissen in der fiktiven Welt der Novelle neu an. So lässt er die Eingangsszene am Abend spielen und braucht das Licht der untergehenden Sonne im Westen. Also ändert er die Himmelsrichtungen.

Im weiteren Verlauf der Erzählung ist von einer zweiten Spiegelung die Rede, diesmal von ganz anderer Art. Von oben lässt Storm ein etwa zehnjähriges Mädchen die Treppe herunterkommen und mit träumerischem Blick ins Wohnzimmer gehen. Dort hängt über dem Sofa ein venezianischer Spiegel auf der grünen Tapete, davor steht ein Tisch mit einem Rosenstrauß in einer Marmorvase. Das Kind zieht eine Rose aus dem Strauß, der Beobachter beschreibt dabei das Spiegelbild ihres „dunklen Kinderköpfchens" und sieht, wie ein roter Blutstropfen über ihren Arm rollt, da sie sich an einem Dorn geritzt hat.

Diesen Bildkomplex hat Storm nicht von ungefähr in die Erzählung hineinkomponiert; der Leser wird durch den Spiegel und den Blutstropfen auf ein bekanntes Märchen der Brüder Grimm verwiesen, auf „Schneewittchen". Aber warum wählt Storm ausgerechnet dieses Motiv für seine Darstellung?

Eine Königin sticht sich den Finger blutig und wünscht sich ein Töchterlein, weiß wie Schnee, rot wie

Blut und schwarz wie Ebenholz. Diese Tochter nennt sie Schneewittchen. Die Königin befragt den Spiegel mit der magischen Formel: „Spieglein, Spieglein an der Wand, wer ist die Schönste im ganzen Land?“ und dieser antwortet zunächst völlig der Erwartung gemäß: „Frau Königin, Ihr seid die Schönste im Land!“

Wer in den Spiegel schaut, der erzeugt eine Dopplung des Sichtbaren in synchroner Bewegtheit von Gespiegeltem und Bespiegeltem. Deshalb ist nichts an der Antwort des Spiegels ungewöhnlich, alles entspricht zunächst noch unseren Erfahrungen und bestätigt unsere Erwartungen. Dann aber tritt das Unerwartete ein. Eines Tages antwortet der Spiegel: „Frau Königin, Ihr seid die Schönste hier, aber Schneewittchen ist tausendmal schöner als Ihr!“ Was ist geschehen? Die Qualität eines Spiegels bemisst sich daran, inwieweit er passiv und unverändert wiedergibt, was vor ihm steht. Der Spiegel in „Schneewittchen“ hat eine andere Qualität. Er gibt plötzlich aktiv wieder, was nicht vor ihm ist; er hebt damit sowohl die zeitliche als auch die räumliche Verschränktheit von Gespiegeltem und Bespiegeltem auf.

Aber auch dieses Spiegelbild hat eine Beziehung zum Spiegelgegenstand: Er zeigt der Mutter ihre Tochter und zugleich deren Schönheit, wie sie an ihr war und nun nicht mehr an ihr, sondern an der Tochter ist. Zeitlich, weil die Schönheit des Gespiegelten nicht mehr im Bespiegelten anwesend ist, und räumlich, weil er eine andere Person zeigt, nämlich die Tochter und nicht die Mutter. Dadurch wird die Ursache negiert und das Verursachte tritt an seine Stelle, denn der Zauberspiegel hebt die Kausalität auf und verkehrt sie in ihr Gegenteil. Seine Botschaft lautet: Nicht die Mutter, sondern die Tochter ist nun das Wesentliche.

So geht es auch in Storms Novelle zu. Die kleine Nesi steigt in die obere Etage des Hauses hinauf und betritt das Arbeitszimmer ihres Vaters. Dort hängt ein Bild ihrer verstorbenen Mutter. Und nun blickt das Kind in das Bild wie in einen Spiegel. Die tote Mutter erscheint ihr so schön, wie sie selber erst noch werden möchte. Für Nesi ist die Mutter nicht mehr erreichbar, sie ist in jene andere Welt hinüber getreten, die den Lebenden verschlossen ist. Aber die Tür zur Vergangenheit steht offen, die Tochter kann die Mutter so anschauen, wie sie war und wie sie sich an sie erinnert, zugleich sieht sie sich selbst, wie sie einmal sein wird. Die Mutter ist die Schönste im Land der Erinnerung; die Tochter entwickelt sich zur Schönsten in der Wirklichkeit.

Der Spiegel gleicht einer Metapher; Sprachbilder sind Vergleiche, bei denen die Formulierung der Vergleichsbeziehung „wie“ fehlt, beruhen auf einer Ersetzung des eigentlichen Gegenstandes durch einen anderen und sind in der Lage, den gemeinten Begriff dank seiner sachlichen oder gedanklichen Ähnlichkeit auszudrücken. Das Spiegelbild ersetzt den Gegenstand und unterscheidet sich von ihm durch seine Spiegelsymmetrie. Das Spiegelbild gleicht einer solchen Metapher, weil bei ihm Gespiegeltes und Bespiegeltes, also Abbild und Urbild, fast in eins fallen. Die Ähnlichkeit der beiden Elemente des Vergleichs wird in der Regel nicht genannt und ist auch nicht immer auszumachen, lässt aber einen Interpretationsspielraum offen. In der Goethezeit hat man den

Metaphern eine große, Erkenntnis schaffende Funktion zugesprochen; für Goethe ist jedes Existierende „ein Analogon allen Existierenden“. Metaphern galten als „Spiegel des Universums“ (August Wilhelm Schlegel) und haben in der Form der poetischen Bilder dem Menschen das Unbekannte näher gebracht.

Ihre poetische Kraft entsteht aus ihrer Doppelnatur. Sie sprengen den ursprünglichen Zusammenhang von Wort und Bedeutung, aber sie konstruieren einen neuen Sinn, in dem sich verschiedene Sachbereiche und Bedeutungszusammenhänge zu einem Ganzen vereinen. Sie sind für das Denken und Vorstellen bestimmend und nicht hintergehbar. Metaphern, die in der Geschichte von Philosophie und Wissenschaft als Denkmodelle die Erkenntnis befördert, Weltbilder konstruiert und Sinnpotentiale zur Verfügung gestellt haben, werden von Hans Blumenberg „absolute Metaphern“ genannt; Sie bringen die „geschichtlichen Sinnhorizonte und Sichtweisen selbst zum Vorschein“ und fangen authentisch historisch-kulturelle Erfahrungen der Wirklichkeit ein.

Wenn Nesi zunächst ihr Spiegelbild sieht und danach das schöne Antlitz ihrer toten Mutter, dann hebt die Spiegelmetapher die Ordnung der Dinge auf und schafft die Wirklichkeit um, so dass sie dem Bedürfnis ihrer Seele, ihres Unterbewussten entspricht. Als Kind sehnt sich Nesi nach ihrer Mutter und sucht bis zur Verzweiflung nach ihr in der Erinnerung. Aber die Vergangenheit ist abgeschlossen, sie erlaubt nur den kurzzeitigen Besuch. Das Bewusstsein der Trennung erweckt in jedem Menschen eine tiefe Sehnsucht, das Erinnerte erscheint ihm wie ein Traum. Dann aber spürt er: Von dem, was ich in jenem Land finde, bleibe ich für immer getrennt.

Wenn Nesi erwachsen werden will, dann muss sie erkennen, dass sie bei der sehnsuchtsvollen Suche nach ihrer Mutter am Ende sich selber findet. Sie selbst ist auf einmal die Schönste im Land. Sie ist das Abbild ihrer Mutter, aber sie ist wirklich. Damit verwandelt sie sich zum Urbild des Schönen im Jetzt. Es fordert eine gewaltige seelische Anstrengung der kleinen Nesi, dies zu begreifen. Der Leser kann diesen Prozess nachvollziehen, indem er sich die Zeit, den Raum und das Geschehen der Novelle in seiner Vorstellung veranschaulicht und die Ereignisse nacherlebt.

Dasselbe geschieht mit der realen Wirklichkeit, wenn sie gespiegelt in der Dichtung erscheint. Die poetisierte Welt kommt dem Gefühlsvermögen des Lesers entgegen, seinem Sinn für Märchen und Mythen, der oft verschütteten Magie seiner Einbildungskraft; die Lektüre literarischer Texte erlaubt ihm auch unkonventionelle Erkenntnisse über Zusammenhänge in der Welt, die seinen Erfahrungshorizont bestimmen.

Von fast verbrannten Bildern

Denn seit das Feuer mir
So nahe kam: dünkt mich im Wasser sterben
Erquickung, Labsal, Rettung.«
Lessing, Nathan der Weise, I, 1

So spricht aus tiefster Erschütterung die Pflegetochter des berühmten jüdischen Kaufmanns in Lessings dramatischem Gedicht, nachdem sie nur knapp dem garstigen Feuertod entgangen ist. Feuer und Wasser sind die beiden Elemente, denen die Menschen ihre Zivilisation verdanken, sie stellen aber zugleich auch eine ständige Bedrohung ihrer Existenz dar. Von den Gefahren des Wassers wissen vor allem die Bewohner von Küstenregionen zu berichten, wo Sturmfluten eine ständige Herausforderung darstellen, die nicht selten Menschen in den Tod reißen.

Theodor Storm schildert in seiner Novelle „Carsten Curator“ eine der verheerenden Fluten, die das Wasser bis zwischen die Häuserreihen Husums peitscht und auch in das Wohnhaus seiner Urgroßmutter Feddersen in der Twiete einzudringen droht. Die Schiffbrücke ist bereits überschwemmt, die Menschen haben sich mit ihren Wertsachen in höhere Stockwerke zurückgezogen. Da hören die Hausbewohner schwache Hilferufe von den überfluteten Fennen südlich der Stadt. Ein Mensch sitzt dort auf einem Pfahl, der noch eben aus dem Wasser ragt. Alle Rettungsversuche scheitern und der entsetzte Carsten Curator muss das Sterben seines Sohnes mit ansehen. Den Vater trifft in dieser Schreckensnacht der Schlag.

Die zweite Gefahr für die menschliche Existenz, das Feuer, spielt in Storms Novellistik keine so herausragende Rolle. Es gibt allerdings im Husumer Storm-Museum ein Dokument, das die Besucher an eine der großen Brandkatastrophen erinnert, die Husum heimgesucht haben. Auch diesmal war das Urgroßmutterhaus in der Twiete betroffen.

Auf einem kleinen Gemälde, das ein Goldhähnchen zeigt, wie es auf einem Haselnuss-Zweig sitzt, hat Storm etwas über die Geschichte des Bildes notiert. Danach hing es zusammen mit einem Dutzend anderer Tierbilder im Wohnzimmer seiner Urgroßmutter Feddersen, also in jenem Haus, das den Handlungsraum für die Novelle „Carsten Curator" bildet. Am Schluss seiner Erläuterungen hat Storm notiert: „Die Beschädigung der Bilder erfolgte im Husumer Brande."

Am 11. Juli des Jahres 1852 brach im Hinterhaus einer Gastwirtschaft in der Langenharmstraße, der westlichen Verlängerung der Großstraße, ein Feuer aus, das nicht mehr unter Kontrolle gebracht werden konnte, da ein heißer Tag war und starke Winde von Nordwest den Brand schürten. Von dort sprangen die Flammen auf eine Reihe weiterer Häuser über, die wegen der anhaltenden

Dürre ausgetrocknet waren. Bürger und Soldaten retteten Menschen und ihr Hab und Gut, aber immer mehr Häuser standen in Flammen. Darunter befanden sich auch zwei Gebäudekomplexe, die der Storm-Familie gehörten. Storms Elternhaus in der Hohlen Gasse blieb zwar verschont, wurde aber durch die umliegenden Brände erheblich beschädigt. Im Geviert zwischen Großstraße, Hohle Gasse, Schiffbrücke und Twiete brannten 16 Häuser, Ställe und Speicher ab, darunter auch das ehemalige Wohnhaus der Feddersens. Insgesamt wurden 34 Wohnhäuser mit 21 Nebengebäuden vernichtet und weitere 13 Häuser beschädigt.

Das alte Haus Schiffbrücke 16 an der Ecke zur Twiete gehörte dem Bierbrauer und Senator Joachim Christian Feddersen; das Vorderhaus wurde 1744 erbaut und bereits um die Wende zum 20. Jahrhundert abgerissen. Der Dichter fühlte sich in besonderer Weise zu diesem Haus hingezogen; mit ihm verband er offenbar seine Vorstellungen von jener ein Jahrhundert zurückliegenden Lebensform, die ihm Zeit seines Lebens wichtig erschien. So sammelte er schon früh Dokumente aus der Familiengeschichte sowie alte Bücher und zeigte Interesse an alten Darstellungen seiner Vaterstadt und ihrer Umgebung. Die mütterliche Linie war ihm so wichtig, dass er als junger Mann den ihm bereits als Taufnamen gegebenen Familiennamen seines Großvaters als zweiten Vornamen benutzte und sich Theodor Woldsen Storm nannte.

In seiner kulturhistorischen Skizze „Von heut‘ und ehedem“ hat Storm im Jahre 1873 das Urgroßvaterhaus an der Twiete plastisch geschildert und vom Leben seiner

Vorfahren darin berichtet. Man erfährt von der „Vereinigten freundschaftlichen Gesellschaft“, einem 1744 gegründeten Honoratiorenverein, dessen Mitglieder sich bei den Feddersens trafen und in einer für die zweite Hälfte des 18. Jahrhunderts typischen Umgebung gemeinsam sangen, aßen und tranken.

Nach dem Tod des alten Feddersen lebte seine Witwe Elsabe Feddersen, geb. Thomsen allein in dem Haus an der Twiete. Hier besuchte sie der junge Storm häufig und gewann aus der Atmosphäre des alten Kaufmannshauses viele Anregungen für seine spätere Novellistik. Sie starb im Jahre 1829 und das alte Familienhaus wurde von Storms Vater verkauft. Das Gebäude taucht in Storms erster Erfolgsnovelle „Immensee“ auf, wird später in „Carsten Curator“ wieder verwendet und dient sogar noch einmal in Storms letzter Erzählung, dem „Schimmelreiter“, als Schauplatz der äußeren Rahmenerzählung.

Man weiß nicht, wer die Nachbesitzer des Hauses gewesen sind, die kleinen Gemälde blieben jedoch hängen und wurden mit veräußert. So konnten sie auch mit dem Haus Opfer des Großfeuers von 1852 werden. Von den damals teilweise beschädigten Bildern werden heute sechs im Eingangsbereich des Storm-Museums gezeigt. Es handelt sich um kleinformatige Tierdarstellungen, die von Nicolaes Peters mit Wasserfarben in der Gouache-Technik auf Papier gemalt wurden. Neben einem Goldhahn sieht man einen Fisch, eine Haselmaus und ein Wiesel.

Bei den reizvoll gemalten Tierbildern handelt es sich um bemerkenswerte Arbeiten aus dem Schaffen dieses

Malers. Ihre Ausführung ist unterschiedlich, doch sind sie mit großer Naturtreue gemalt, dabei fern von jeder Pedanterie und zeugen von einem feinen Sinn für Farben. Sie stehen in der Tradition der Tier- und Pflanzenbilder, wie sie der Maler während seines Aufenthaltes in Kopenhagen kennen gelernt hat.

Nicolaes (Nikolaus) Peters wurde als ältester Sohn von Hermann Peters am 10. Januar 1767 in Friedrichstadt geboren. Zunächst erlernte er das Handwerk der Zinngießerei, worin sein Vater, der aus dem nahe gelegenen Dorfe Koldenbüttel kam, Meister war. Die Familie stammte von Holländischen Remonstranten ab, die seit Anfang des 18. Jahrhunderts in und um Friedrichstadt nachweisbar sind. Da durch das Aufkommen billigeren Geschirrs der Absatz von Zinnwaren stagnierte, verlegte sich Hermann Peters auf das Bemalen und Lackieren von Blechdosen und Tabletts, wofür er einen besonderen Lack entwickelt hatte.

Sein Sohn Nicolaes fiel bereits als Kind durch seine künstlerische Begabung auf und durfte von 1787 bis 1791 an der Kunstakademie in Kopenhagen studieren. Dort erlernte er die klassizistische Landschafts- und Porträtmalerei. Nach seiner Rückkehr gründete er 1792 mit seiner jungen dänischen Frau eine Existenz als Maler und Lackierer von Blechdosen in Friedrichstadt und trat auch als wandernder Porträtist in den Herzogtümern Schleswig und Holstein hervor. Er fertigte Bildnisse in Rötel, Kreide und Blei, malte Landschaften, Pflanzen- und Tierstudien zumeist mit Wasserfarben. Seit 1810 wirkte er in Flensburg, wo die Lebens- und Arbeitsbedingungen günstiger waren als in dem bereits im Niedergang begriffenen kleinen Städtchen an der Eider. Ein 1800 gemaltes Selbstporträt (heute im Museumsberg Flensburg) zeigt uns einen selbstbewussten, erfolgreichen Bürger, der es trotz wirtschaftlicher Schwierigkeiten zu einigem Ansehen in seiner weiteren Heimat gebracht hat. In Flensburg war Peters auch als Zeichenlehrer tätig. Er starb dort im Jahre 1825.

Menschen sind bei dem damaligen Großbrand nicht verletzt oder getötet worden und auch das Dutzend kleiner Tierbilder in Urgroßmutter Feddersens Wohnstube ist nicht verbrannt. Aber einige der Bilder haben unter dem Löschwasser gelitten. Was nach dem Brand mit den Bildern geschehen ist, ist unbekannt. Storm hat sie jedenfalls acht Jahre später auf seiner Reise in die Heimat von seinem Vetter Ernst Esmarch erhalten, ohne für die Nachwelt festzuhalten, wie dieser zu den Bildern gekommen war.

Im Land des „Schimmelreiters“

Wenn man nördlich von Husum durch Schobüll fährt, gelangt man zum Nordstrander Deich, der nun schon seit über 70 Jahren die Insel mit dem Festland verbindet. Das dortige Gelände ist übrigens die einzige Stelle an der Westküste Schleswig-Holsteins, an der kein Deich erforderlich ist, da der kleine Geestrücken mit dem bombastischen Namen „Schobüller Berg“ hoch genug empor ragt, um die dahinter liegenden Marschen vor der Nordsee zu schützen. Man verlässt vor der Linkskurve die Straße und biegt rechts nach Hattstedt ab, um nach einem Kilometer links in die Hattstedtermarsch zu fahren.

Nach Norden erstrecken sich Wiesen und Felder, zwischen denen vereinzelte Warften aus der flachen Ebene emporragen, auf denen die Häuser für Mensch und Tier gebaut wurden. Heute siedeln die Menschen auch direkt auf dem Marschland, das vor Jahrhunderten einmal Meeresboden war und nur bei Ebbe als Watt trocken fiel. Die Angst vor einer Überflutung scheint verschwunden, wohl auch deshalb, weil der Deich im Westen seit einigen Jahrzehnten nicht mehr die erste Verteidigungslinie darstellt, die er noch zu Storms Zeiten war. Stieg man damals einen der schrägen Wege, die hier Aks genannt werden, zur Deichkrone hinauf, so erwartete den Wanderer ein grandioser Blick hinaus auf die Nordsee mit ihren Wattflächen und Halligen, der Storm in seinem Gedicht „Meeresstrand" zu den Versen inspiriert hat: „Wie Träume liegen die Inseln/ Im Nebel auf dem Meer." Oder man erschrak vor dem schäumenden Meer, dessen brandende Wellen heraufspritzten, und musste sich mit einem anderen Storm-Gedicht mit dem Titel „Ostern" beruhigen, das er 1848 schrieb und dessen letzte Strophe lautet: „Hier stand ich oft, wenn in Novembernacht/ Aufgor das Meer zu gischtbestäubten Hügeln,/ Wenn in den Lüften war der Sturm erwacht,/ Die Deiche peitschend mit den Geierflügeln."

Heute ist das Wattenmeer an dieser Stelle verschwunden und einem neuen Koog gewichen, der aber nicht mehr – wie seine Vorgänger – landwirtschaftlich genutzt wird, sondern als Vogelschutzgebiet ausgewiesen ist. Der vorgelagerte Deich im Westen sichert von der Nordecke der ehemaligen Insel Nordstrand aus den neu geschaffenen Beltringharder Koog und mit ihm die Marschgebiete vor Hattstedt und Bredstedt, in die das Meer früher immer wieder eingedrungen ist und fruchtbaren Schlick abgelagert hat.

Blickt man nach Osten in die Marsch hinunter, sieht man noch immer reiche Felder und leuchtende Grasflächen, auf denen im Sommerhalbjahr Scharen von Rindern weiden und ihre mit EU-Mitteln subventionierte Milch produzieren. Ob dies aber den Menschen zwischen Blumen und Gebüschen in ihren friedlichen Häusern noch immer Glück und Wohlstand bringt, mag dahingestellt bleiben. Zumindest sahen es Storm und seine Zeitgenossen so, als am 7. September 1845 eine Gruppe von drei jungen Männern aus Husum mit einem Fremden durch die Hattstedtermarsch fuhr, auf den Deich stieg, hinaus auf das gerade friedliche Meer blickte, um danach die in spätsommerlichem Sonnenschein liegenden Ländereien zu erkunden.

Die drei waren Freunde; der älteste von ihnen, Christian Ulrich Beccau, 35 Jahre alt, war als Untergerichtsadvokat tätig, der jüngste, Hartmuth Brinkmann, unterstützte mit seinen erst 26 Lenzen seit einem Jahr als Amtshaussekretär den Amtmann von Husum, den Herrn Gotsche von Krogh. Dritter im Bunde war der knapp achtundzwanzigjährige Theodor Storm, der seit zweieinhalb Jahren eine Rechtsanwaltskanzlei in Husum betrieb. Die drei jungen Männer repräsentierten den akademischen Nachwuchs der kleinen Stadt am Meer; sie unternahmen diesen Ausflug auf Wunsch ihres Gastes, des Journalisten und Erfolgsschriftstellers Theodor Mügge, der für ein Buchprojekt recherchierte, das unter dem Titel „Streifzüge in Schleswig-Holstein und im Norden der Elbe“ 1846 in Frankfurt am Main erscheinen sollte.

Mügges Landesbeschreibung ist auch ein Zeugnis für den aufkommenden Nationalismus im deutschen Sprachraum im Vorfeld der bürgerlichen Revolution von 1848/49. Mit kräftigen Tönen will der Verfasser auf die Gefahren einer Vereinnahmung der nördlichsten deutschen Provinzen durch das Königreich Dänemark aufmerksam machen; Mügges Erwartungen erfüllten sich schnell, und in den folgenden fünf Jahren wurde die

Schleswig-Holsteinische Frage zur Kernproblematik auf dem Wege zum deutschen Nationalstaat.

Im Jahre 1848 zählte Mügge in Berlin zu den Mitbegründern der liberalen „Nationalzeitung“, deren Feuilletonredakteur er wurde. In seinem gesamten Werk setzte er sich für Freiheit und gegen die Unterdrückung von Menschen und Völkern ein; dabei glaubte er an das Gute im Menschen und daran, dass man auf vernünftigem Wege die Lebensbedingungen überall auf der Welt verbessern könne. Dafür musste man sich aber engagieren, denn der aufgeklärte Mügge wusste, dass Veränderungen zum Guten nicht von selbst kommen können, und schrieb deshalb: „Wäre die menschliche Vernunft im Stande, eine göttliche Kraft auf das ganze Geschlecht zu üben, wie anders müßte sich dann das Menschenleben gestalten!“

Auch Theodor Storm engagierte sich für die nationale Sache und hatte gerade im Juni des Vorjahres im Organisationskomitee des Nordfriesenfests in Bredstedt mitgewirkt. Während der Erhebung in den Herzogtümern ließ er sich zum Sekretär des Patriotischen Hilfsvereins in Husum wählen und nahm öffentlich zu den politischen Ereignissen Stellung. Als Korrespondent der „Schleswig-Holsteinischen Zeitung“, dem Organ der Provisorischen Regierung, das von seinem Freund Theodor Mommsen redigiert wurde, berichtete er über die Ereignisse in Nordfriesland.

Beccau und Brinkmann mussten nach dem Scheitern der revolutionären Erhebung zeitweilig vor dem Zugriff durch dänische Behörden fliehen; viele Juristen büßten ihr Engagement für die nationale Sache nach der Niederlage gegen Dänemark übrigens dadurch, dass ihnen ihre Bestallungen durch den Dänischen König entzogen wurden. Schaut man sich mit diesem Wissen die letzten Strophen des Gedichts „Ostern“ an, so bekommt das lebendige Naturgemälde einen ganz neuen Sinn: „Und jauchzend ließ ich an der festen Wehr/ Den Wellenschlag die grimmen Zähne reiben;/ Denn machtlos, zischend schoß zurück das Meer –/ Das Land ist unser, unser soll es bleiben!“

Storms Text ist eines der ganz wenigen großen Naturgedichte dieses Zeitraums, das sich auch als politisches Zeitgedicht verstehen lässt. Der Jurist Theodor Storm wählte nach 1852 das preußische Exil und kehrte erst 1864 wieder in seine Heimatstadt zurück.

Am Vorabend dieses Ausflugs, von dem noch ausführlich die Rede sein wird, saß der junge Advokat und Freizeitdichter Theodor Storm mit dem bereits arrivierten zweiundvierzigjährigen Theodor Mügge lange auf dessen Gaststube zusammen und diskutierte Fragen der Literatur und Kunst; man unterhielt sich über die Schriften von Heinrich Heine und Ludwig Tieck und tauschte Erlebnisse aus von Besuchen des preußischen Hoftheaters in Berlin, wo beide den gefeierten Schauspieler Karl Seydelmann in der Rolle des Mephistopheles gesehen hatten.

Am Nachmittag des folgenden Tages kam Mügge zu Storm in dessen Junggesellenwohnung, wo man sich auch über die gemeinsamen politischen Ansichten unterhielt und nicht nur Übereinstimmungen in der Bewertung der Situation der Herzogtümer Schleswig und Holstein feststellte, sondern auch in der Ablehnung des Adels und der Kirchen als Herrschaftsinstitutionen. Stattdessen hofften beide auf ein geeinigtes, republikanisches Deutschland, in dem die vielfältigen Aufgaben zur Verbesserung der Lebensbedingungen auch der unteren Schichten verwirklich werden konnten. Mügge war davon überzeugt, dass es zu einer Regelung des deutsch-dänischen Verhältnisses kommen würde, das dem lebendigen, vernünftigen Recht sowie dem Bewusstsein und dem Willen des Volkes entsprang.

Heute, an diesem schönen Septembertag, drei Jahre vor der Revolution, dachte aber keiner der vier Männer an die Zukunft Deutschlands, sondern sie blickten zurück in die Vergangenheit und lebten in der schönen Gegenwart. Die Geschichte der Marsch und ihrer Bewohner sowie ihrer besonderen Lebensbedingungen standen auf der Tagesordnung. Theodor Mügge wollte nicht nur die einzigartige Landschaft zwischen Meer und Geest in Augenschein nehmen, ihn interessierten auch Geschichten von Sturmfluten und Landverlusten, Erzählungen vom Kampf der Küstenbewohner gegen den alles verschlingenden Blanken Hans, wie sie die Sturmflut hier oben nannten, und vom Deichbau, dessen immer weiter verbesserte Technik das Überleben der Bewohner der Köge und der niedrigen Geeststücke sicherte. Ihr Ziel war die Warft Groß-Ellerbüll, auf der das Haus von Jens Thoms Jensen stand, eines tüchtigen Bauern und Familienvaters, der als Amts-Höftmann mit einigen Beisitzern das Untergericht im Amt Husum bildete, dessen Vorsitzender der Landvogt war.

Auch Theodor Storm war zu diesem Zeitpunkt bereits mit Fragen des Deichrechts vertraut, denn sein Vater Casimir Storm, der in Husum seit vielen Jahren eine angesehene Anwaltskanzlei betrieb, war als gewählter Deichbandcommitirter mit der Verwaltung der Südermarsch beauftragt, einem Koog südwestlich von Husum, der nach altem Recht aus der Gesellschaft aller landbesitzenden Eigentümer bestand, die verpflichtet waren, die gemeinschaftlichen Deich- und Entwässerungssysteme zu pflegen und zu erhalten. Sein Sohn hatte in den Monaten zwischen dem juristischen Examen und seiner Bestallung zum Advokaten in der Praxis seines Alten ausgeholfen und war dadurch selber als Vertreter des Koogschreibers mit diversen Deichsachen und den Besonderheiten des alten und noch nicht vereinheitlichten Rechts der Herzogtümer in Kontakt gekommen. Der alte Storm war darüber hinaus seit 1835 gewählter Deputierter der Ständeversammlung in Schleswig, wo er das Amt eines Sekretärs innehatte, und sich für den Fortbestand der Herzogtümer im Dänischen Gesamtstaat einsetzte.

Theodor Mügge hatte also Fachleute in seiner Begleitung, als er die Marschländer besuchte; darüber hinaus traf er in Husum mit literarisch ambitionierten Männern zusammen. Christian Ulrich Beccau hatte sich mit Gedichten im „Husumer Wochenblatt“ einen Namen gemacht, der belesene Hartmuth Brinkmann schwärmte für schöngeistige Literatur und Theodor Storm konnte bereits zu diesem Zeitpunkt auf ein nicht unbedeutendes literarisches Werk verweisen. Daraus waren bisher allerdings nur einige Gedichte veröffentlicht worden, während er an Prosaarbeiten neben einigen Zeitungsberichten nur Vorarbeiten für die Sagensammlung seines Kieler

Mitstudenten, des Germanisten Karl Müllenhoff, vorzeigen konnte. Einige Schwänke und Märchen unter dem Titel „Geschichten aus der Tonne“, die er für seinen Friedrichstädter Freund Karl Leonhard Biernatzki zusammengestellt hatte, sollten erst ein paar Wochen nach Mügges Besuch im „Volksbuch für die Herzogthümer Schleswig, Holstein und Lauenburg“ im Druck erscheinen.

Nach der Besichtigung des Hattstedter Neuen Kooges und seiner Deiche wurde im Hause des Amts-Höftmanns vom Leben in den Marschen erzählt, von den fruchtbaren Böden und dem Reichtum der Bauern. Die Männer gingen wohl auch gemeinsam hinaus, um über die Felder zwischen den Gräben zu laufen. Man besah sich die Herden von bunten glatten Rindern, kam an Pferden und Jungvieh aller Art vorbei, und vielleicht ließ es sich der Hausherr auch nicht nehmen, seinen Gästen persönlich zu demonstrieren, wie man mit dem Springstock leicht die Gräben überwinden kann.

Danach sprachen sie bis spät in den Abend hinein über die Deichbände, über Ebbe und Flut, über die ungeheuren Sturmfluten, die Tausenden das Leben und Abertausenden die Existenz gekostet hatten. Der Großbauer Jens Thoms Jensen erläuterte den Aufbau und die Organisation der Deichbehörden, die dafür Sorge zu tragen hatten, dass neues Land dem Meer abgetrotzt und eingedeicht werden konnte und dass bestehende Deiche und Schleusen funktionsfähig blieben. Einen großen Fortschritt hatte man in den letzten hundert Jahren mit der neuen Deichbaukunst gemacht. Der Deichfuß wurde mit Stroh bestickt oder durch Steine befestigt, um dem Meer auch an solchen Stellen zu widerstehen, an denen kein Vorland dem zusätzlichen Schutz diente; die Böschungen erhielten einen festen Belag aus Rasensoden, die man bis heute durch Schafbeweidung kurz und fest hält.

Durch die technischen Verbesserungen auch der Entwässerungsgräben und Schleusenanlagen, die überall eingerichteten Ordnungen der Deichbände und ihre Verwaltung durch Inspektoren, Deichgrafen und Deichgevollmächtigte sowie mit dem Rechnungswesen beauftragte Juristen waren die Bauern der Marschen und Köge in Dithmarschen, auf Eiderstedt und in Nordfriesland zu einem beträchtlichen Wohlstand gekommen. Der stand in auffälligem Kontrast zu den Bewohnern der höher gelegenen und weniger fruchtbaren Geest und mag auch Sozialneid unter der einfachen Landbevölkerung ausgelöst haben. Theodor Mügge erkannte hier sogar eine der Ursachen für die negative Entwicklung des deutsch-dänischen Verhältnisses.

Auch die besonderen Rechtsverhältnisse in den Marschländern wurden erörtert: Bauern- und Bondengerichte als Reste der alten Zeit, deren Rechtspflege stark von Vergleichen bestimmt war. Mügge hebt in seinem direkt im Anschluss an die Reise geschriebenen Bericht das freie Bauernland hervor, in dem die grundbesitzende Bauernaristokratie jede absolutistische Adelsherrschaft verhindern konnte. Seine Landesbeschreibung setzt bei den Besonderheiten der Landschaft ein und überliefert den heutigen Lesern sehr anschaulich, wie ein solches Gehöft auf einer Warft in der Mitte des 19. Jahrhunderts ausgesehen hat. Er schildert die Familien der größeren

Bauern als gebildete Bürger, deren Hauswirtschaft er als wohltuend reinlich bezeichnet und deren Gastfreundschaft er lobt, da den Besuchern großzügig alle Produkte des Landes auf den Tisch gesetzt wurden.

Acht Jahre nach dem Erscheinen der „Streifzüge in Schleswig-Holstein" – die Hoffnungen auf ein geeinigtes Deutschland unter Einschluss der Herzogtümer hatten sich längst als Illusion erwiesen und die alten Mächte konnten noch einmal triumphieren – veröffentlichte Mügge im Jahre 1854 eine Erzählung unter dem Titel „Samuel Wiebe. Lebensbild aus den Marschen", in der er seine Husumer Erfahrungen aus der Vormärz-Zeit wieder aufgriff und seinen Bericht nun poetisch ausschmückte. In ihr erzählt er von der Fußwanderung eines jungen Mannes mit dem bezeichnenden Vornamen Theobald, die von Husum nach Norden durch die Hattstedtermarsch führt. Als dieser auf dem Deich entlang wandert, begegnet ihm ein kleiner alter Mann, der sich als Schulmeister vorstellt und bereitwillig Auskünfte über Land und Leute gibt. Er begleitet den jungen Wanderer auf den Hof eines Bauern namens Peter Jansen, der das Amt des „Landeshauptmanns" bekleidet. Dort werden beide herzlich bewirtet und der Bauer berichtet von den Besonderheiten des Lebens in der Marsch und von den Organisationsstrukturen eines Kooges. Nach einer ausführlichen Beschreibung der gediegenen Gastlichkeit erzählt der Schulmeister die spannende Geschichte von einer verheerenden Sturmflut, die er auf einer Hallig erlebt und überlebt hat.

Der Erzähltext entspricht in weiten Teilen Mügges früherer Reisebeschreibung aus dem Jahre 1845; die Besonderheiten der Marschlandschaft vor Hattstedt, der Deich des Neuen Hattstedter Kooges und das Haus von Jens Thoms Jensen auf der Ellerbüller Warft werden als Folie für den literarischen Text verwendet. Über die Parallelen der Landschaftsschilderungen und der historischen Exkurse zu Sturmfluten und Deichbau hinaus lassen sich bis in die Wortwahl in beiden Texten große Gemeinsamkeiten erkennen.

Was aber das Besondere dieses Ausflugs in die Hattstedtermarsch Anno 1845 und seiner doppelten Spiegelung in den Texten Mügges ausmacht, ist die Tatsache, dass Theodor Storm genau vier Jahrzehnte nach diesen Erlebnissen seine Erzählung vom Schimmelreiter in ganz ähnlicher Weise anlegen wird. Die Fabel der Novelle, die Sage vom Deichgrafen, der in das stürmische Meer reitet, um seine Verfehlungen zu sühnen und späteren Generationen zur Warnung vor Deichbrüchen als Gespenst erscheint, hat Storm aus einer literarischen Quelle übernommen. Im Jahre 1838, also sieben Jahre vor dem Zusammentreffen mit Theodor Mügge, las er in der Hamburger Zeitschrift „Lesefrüchte vom Felde der neuesten Literatur des In- und Auslandes“ eine Gespenstergeschichte, die an der Weichsel spielt und in einer Danziger Zeitschrift kurz vorher erstmals veröffentlicht worden war.

Diese Geschichte muss Storm außerordentlich beeindruckt haben, denn über viele Jahrzehnte erinnerte er sich daran und suchte vergebens die Quelle, in der er davon gelesen hatte. Und obwohl Storm in den Jahren zwischen 1885 und 1888, als er seinen „Schimmelreiter“ niederschrieb, mehr als vierzig schriftliche Quellen auswertete, fand er die Lesefrüchte nicht mehr und war bei der Konzeption der Deichgeschichte völlig auf sein Erinnerungsvermögen und seine Phantasie angewiesen. Umso erstaunlicher ist es, dass er sich an den Stoff nach mehr als fünfundvierzig Jahren noch so genau erinnern konnte, dass der Erzählrahmen seiner Novelle bis ins Detail dem Aufbau der Gespenstergeschichte entspricht.

In auffälliger Weise stimmen die Landschaftsdarstellung in Storms Meisternovelle und die Schilderungen von Theodor Mügge überein. Schon der Beginn des inneren Rahmens zeigt eine solche Parallele; der Erzähler bei Storm kommt von Norden und will weiter nach Husum reiten; er benutzt den Deich vor der Hattstedtermarsch, blick nach rechts in das tosende Meer und sieht am nächsten Morgen links in die weiten Marschländer. Auch er lernt einen Schulmeister kennen, der dem in Mügges Erzählung sehr ähnelt. Schließlich führt uns dieser Schulmeister in seiner Binnenerzählung zum Hof des Deichgrafen Tede Volkerts, der Ähnlichkeiten mit dem Gebäude aufweist, in dem bei Mügge der Amts-Höftmann Peter Jansen haushält. Das gemeinsame Vorbild in der Wirklichkeit, nach dem die Autoren ihre Beschreibungen und Schilderungen angefertigt haben, lässt sich als der Hof von Jens Thoms Jensen auf Groß-Ellerbüll in der Hattstedtermarsch identifizieren.

Die Stormforscher haben während des 20. Jahrhunderts nach Vorbildern gefahndet, die Storm für seine Schilderungen der Menschen in seiner Erzählung vor Augen gestanden haben könnten. Dabei sind sie vom Novellentext ausgegangen und haben dann nach geeigneten Kandidaten gesucht, die als Anregungen für Hauke Haien und den Deichgrafen Tede Volkerts infrage kommen. Für den späteren Deichgrafen Hauke Haien war dies gar nicht so schwer, denn Storm gibt selbst einen Hinweis, wenn er den Schulmeister in seiner Novelle Hauke mit Hans Momsen aus Fahretoft bei Dagebüll vergleichen lässt, jenem begabten Mathematiker, Mechaniker und Astronom, der sich in der Mitte des 18. Jahrhunderts autodidaktisch ein erstaunliches Wissen aneignete und damit Bauzeichnungen für Häuser, Schleusen und Brücken entwarf, Uhren, Teleskope, Kompasse und sogar eine Orgel baute und später als Deichvogt einen neuen Koog eindeichte.

Und auch die Schauplätze der Novelle ließen sich bald identifizieren, da viele Details auf die Hattstedtermarsch hinweisen, genauer auf die Gegend, wo der Neue Koog aus dem frühen 16. Jahrhundert liegt, durch den neue fruchtbare Ländereien gewonnen werden konnten. Viele Passagen in Storms Schilderung von Landschaft und Menschen deuten auf diesen Bereich nordwestlich des Dorfes Hattstedt hin, und manche Stelle, wie z. B. die des Kruges, in dem der Schulmeister sein Wissen von den vergangenen Ereignissen weitergibt, und die Wehle, in die sich die gespenstige Erscheinung lautlos stürzt, kann man – wenn auch stark verändert – dort noch heute in Augenschein nehmen. Storm erklärt das Wort übrigens in seiner Novelle: „so nennen sie dort die Brüche, welche von den Sturmfluten in das Land gerissen werden, und die dann meist als kleine, aber tiefgründige Teiche stehen bleiben".

Schwieriger war es aber, jene „hohe Werfte" zu identifizieren, auf der der Deichgrafenhof der Novelle liegt, also den (wieder in den Worten Storms) „zum Schutze gegen Wassergefahr aufgeworfene(n) Erdhügel in der Marsch, worauf die Gebäude, auch wohl Dörfer liegen". Selbst wenn man dem kritischen Hinweis von Storms Sohn Ernst folgt, der einem Husumer Journalisten im Spätherbst 1913 gesagt hat: „Man muß nicht immer wissen wollen, wo die Novellen meines Vaters spielen – es sind Dichtungen", gibt es im Erzähltext Storms doch so viele Hinweise, dass manche Leser neugierig werden und genauer wissen wollen, was Storm als Anregungen für seine Fabulierkunst gedient und welche Örtlichkeiten er sich bei der Schilderung der Ereignisse vorgestellt haben könnte. Dies ist schließlich eine Besonderheit des poetischen Realismus, dessen Verfasser sich bemühten, ihre Erzählungen so wirklichkeitsnahe erscheinen zu lassen, dass der Leser in ihnen Ereignisse erkennt, die tatsächlich so geschehen sein könnten. Dazu hat Storm einigen Aufwand bei der Gestaltung von Handlungsräumen getrieben und sich sehr gründlich über die Geschichte der Sturmfluten, die Techniken des Deichbaus und alles, was dazugehört, informiert.

In den Kommentaren zum „Schimmelreiter" findet man die Vermutung, Vorbild für den alten Deichgrafen und seinen Hof sei der Deichgraf Johann Iwersen Schmidt gewesen, dessen Hof auf Lundenberg lag, einer ursprünglich bewaldeten Höhe im Zentrum der Hattstedtermarsch. Dafür sprach zunächst auch, dass Storm nach Aussagen von Nachkommen mit der Familie des Deichgrafen bekannt war und in den Jahren nach 1864 sogar deren Anwesen besucht haben soll. Außerdem bekleidete Johann Iwersen Schmidt von 1837 bis 1875 das Deichgrafenamt und soll es energisch verwaltet haben. Vielleicht hat Storm sogar an der Beerdigung des Deichgrafen teilgenommen, denn die Beschreibung der Beerdigungsszene in der Novelle erinnert an die ursprüngliche Grabstelle der Familie Iwersen Schmidt auf dem Hattstedter Friedhof. Aber solche Persönlichkeiten gab es mehrere in den Marschen, so dass eine unmittelbare Identität von Menschen, die Storm gekannt hat, mit seinen erfundenen Akteuren in diesem Fall nicht bewiesen werden kann.

Allerdings spricht viel dafür, dass Storm seine Erinnerungen an den Besuch bei dem Amts-Höftmann Jens Thoms Jensen auf Groß-Ellerbüll genauso bewahrt hat wie die Erinnerungen an den gespenstigen Reiter von der Weichsel. Und anders als bei der Sage, deren schriftliche Fassung Storm nicht wiederfand, konnte er Einzelheiten des Ausflugs vom September 1845 gleich zweimal nachlesen, denn in seiner Bibliothek standen sowohl der Reisebericht Mügges aus dem Jahre 1846 als auch dessen literarische Verarbeitung von 1854. So erklären sich die vielen Parallelen im Erzählaufbau von Mügges „Samuel Wiebe“ und Storms „Schimmelreiter“. Außerdem wird deutlich, wie Storm seine Erinnerungen an Landschaft und Menschen der Hattstedtermarsch für seine Meisternovelle funktionalisiert, indem er in seiner Erzählung eine umfassende Topographie entwirft, die man bis heute das „Schimmelreiter-Land“ nennt.

Ob nun das Anwesen von Jens Thoms Jensen oder das von Johann Iwersen Schmidt Vorbild für den Deichgrafenhof in Storms Novelle gewesen ist, bleibt weiterhin offen; vielleicht haben sich in der Phantasie des alten

Dichters ja auch die Erinnerungen an seine Besuche auf verschiedenen Marschhöfen in der Gegend von Hattstedt miteinander vermischt. Für eine solche Annahme spricht auch, dass der Ritt, den Hauke Haien von seinem Hof zum Deich unternimmt, genau mit der Strecke von der Ellerbüll-Warft zum alten Deich übereinstimmt, während Elke, als sie die Wagen von der Beerdigung ihres Vaters in die Marsch zurückfahren sieht, diese Bilder exakt aus der Position von Lundenberg beschreibt.

Eine „Sage" von der Weichsel

Kurz nach der Uraufführung der ersten „Schimmelreiter"-Verfilmung von Kurt Oertel und Hans Deppe aus den Jahren 1933/34 schrieb der Journalist Felix Schmeißer in den „Husumer Nachrichten": „Seine eigentliche Heimat [...] hat er hier oben an der Nordseeküste, und zwar wie in Nord- so auch in Eiderfriesland und jenseits der Eider auch noch im verwandten Dithmarschen. Denn in allen drei Landschaften ist mir noch vor einigen Jahrzehnten die Sage vom gespenstischen, sich Unheil verkündend in eine Wehle stürzenden Schimmelreiter von alten Leuten erzählt worden."

Neben dieser Behauptung Schmeißers belegen weitere zeitgenössische Äußerungen, dass die Menschen in der ersten Hälfte des 20. Jahrhunderts den Stoff vom gespenstischen Reiter für eine Nordfriesische Sage gehalten haben. Eine solche Erzählung findet man auch in der Sammlung „Friesische Sagen von Texel bis Sylt", die 1928 von Hermann Lübbing herausgegeben wurde. Eine inhaltlich übereinstimmende Sage teilt uns Rudolf Muuß 1933 in seiner Sammlung „Nordfriesische Sagen" mit. Beide Herausgeber haben einen Text nacherzählt, der erstmals 1890 von Heinrich Momsen aus Garding unter der Überschrift „Der Schimmelreiter" herausgegeben worden war und der Anfang des 20. Jahrhunderts in eine pädagogische Sammlung zur Heimatkunde der Halbinsel Eiderstedt gelangte. Die Schimmelreiter-Sage findet sich bis heute in Anthologien friesischer und schleswig-holsteinischer Sagen. Sogar in dem von Otto Mensing herausgegebenen „Schleswig-Holsteinischen Wörterbuch" (Bd. 4, Neumünster 1933) kann man lesen: „In Eiderstedt geht die Sage von dem Deichgrafen, der bei hoher Flut den Damm durchstechen ließ und sich mit seinem Schimmel in den Bruch stürzte, worauf das Wasser langsam zurücktrat; man sieht ihn nachts auf seinem Pferde aus dem Bruch hervorstürzen."

Vieler Besucher, die nach Husum reisen und in der Stadt und im Kreis Nordfriesland auf den Spuren Theodor Storms wandern, wollen sehen, wo der Schimmelreiter entlang ritt, und nacherleben, wo und wie Storms bekannteste Gestalt gelebt und gewirkt hat. Denn es gibt im Kreisgebiet einen Schimmelreiter-Krug und sogar einen Hauke-Haien-Koog. Kaum eine andere literarische Gestalt hat sich in den Köpfen der Leser so realistisch eingeprägt wie Storms „Schimmelreiter". Dazu haben auch die drei Filme beigetragen, die 1933/34, 1977/78 und 1984 nach der Novelle gedreht wurden. Die Landschaft an der Küste Nordfrieslands ist ohne den Deichbaumeister Hauke Haien und ohne den Spuk des gespenstischen Reiters für viele nicht mehr vorstellbar. Und da liegt die Vermutung natürlich nahe, dass Storm, als er 1885 mit den Vorarbeiten zum „Schimmeleiter" begann, auf eine Sage zurückgriff, die seit langer Zeit in seiner nordfriesischen Heimat mündlich tradiert worden war.

Allerdings irren Felix Schmeißer und seine Zeitgenossen, denn eine Schimmelreiter-Sage lässt sich vor dem Erscheinen von Storms gleichnamiger Novelle (1888) weder in Nordfriesland noch in Dithmarschen belegen. Die literarische Fiktion lebt nur in den Köpfen der Menschen, die in der Region leben oder sich durch ihre Storm-Lektüre dem Handlungsraum der Erzählung nahe fühlen. So ist die literarische Gestalt zu einer vermeintlichen Sagengestalt geworden, eine Umkehrung des sonst üblichen Prozesses, in dem regionale Sagengestalten von Schriftstellern zu literarischen Figuren umgeformt werden.

Als Theodor Storm Mitte der 1840er Jahre Sagen und anderes Erzählgut aus Schleswig-Holstein sammelte, stieß er auf eine Reihe von Gespenstergeschichten und stellte sie zu einem Manuskript zusammen, das er als Buch veröffentlichen wollte. Zu dieser Veröffentlichung ist es allerdings nicht gekommen. Eine Schimmelreiter-Sage gibt es weder in den von Storm gesammelten Sagen noch in seiner Manuskriptsammlung „Neues Gespensterbuch“. Das ist leicht erklärt, denn am 13. Februar 1843 schrieb er an seinen Freund und Kieler Studiengenossen Theodor Mommsen: „Der Schimmelreiter, so sehr er auch als Deichsage seinem ganzen Charakter nach hier her paßt, gehört leider nicht unserm Vaterlande; auch habe ich das Wochenblatt, worin er abgedruckt war, noch nicht gefunden.“

Storm konnte sich auch im Alter nicht mehr genau daran erinnern, wo er zum ersten Mal von einem Schimmelreiter gehört hatte. Er meinte später, dass er sie von Lena Wies habe, jener Husumer Bäckerstochter, die ihn durch ihre Erzählungen als Knaben so nachhaltig beeinflusst hat. Er glaubte, sich auch zu erinnern, die Sage im „Husumer Wochenblatt" gelesen zu haben. Aber das ist nicht richtig, denn in den entsprechenden Jahrgängen dieser Zeitschrift ist eine solche Erzählung nicht zu finden.

Storm gibt uns aber in der Novelle selbst einen Hinweis auf die Quelle für das, was er zu erzählen beabsichtigt. Der anonyme Ich-Erzähler im Anfangs-Rahmen berichtet, er habe vor „einem halben Jahrhundert" im Hause seiner Urgroßmutter eine „in blaue Pappe" eingebundene Zeitschrift gelesen, er vermag sich aber nicht mehr zu erinnern, „ob von den ›Leipziger‹ oder von ›Pappes Hamburger Lesefrüchten‹."

Später haben Recherchen gezeigt, dass hier tatsächlich die Quelle für die Schimmelreiter-Erzählung zu finden ist. 1838 erschienen in Hamburg die „Lesefrüchte vom Felde der neuesten Literatur des In- und Auslandes", die von J. J. C. Pappe herausgegeben wurden. Der Band zwei enthält den Nachdruck einer Gespenstergeschichte aus der Zeitschrift „Danziger Dampfboot" aus demselben Jahr. Der Stoff hat seinen Ursprung an der Weichsel und wurde 1838 erstmals mit der Überschrift „Der Deichgeschworene zu Güttland" veröffentlicht. Erzählt wird von einem Deichgeschworenen, der an einer Fähre bei gefährlichem Eisgang im Fluss ertrunken ist und danach als Gespenst die Menschen am Fluss vor Deichbrüchen warnt. Ein Reisender schildert seine Wahrnehmungen folgendermaßen:

»Dunkler und dunkler wurde es rings um mich, nur hin und wieder drang das Leuchten eines Sternes durch die Nebelwolken, fremd war mir die in schwarze Schatten gehüllte Gegend, kein menschliches Wesen erblickte ich, und nur das Brausen des Sturmes und das Geprassel des durch das Wasser immer höher gehobenen und geborstenen Eises waren meine schaurigen Begleiter. – Da plötzlich höre ich dicht hinter mir das rasche Trappeln eines Pferdes, und freudig, in dem Wahne, einen Gesellschafter nahe zu haben, blicke ich mich erwartungsvoll um und sehe – Nichts – wohl aber trabt es immer schärfer und näher, mein Brauner schnaubt und stampft, kaum vermochte mein spitziger Sporn, ihn vorwärts zu treiben, und ein kalter Schauer überlief meinen ganzen Körper; doch beruhigte ich mich, da mein sonderbarer Begleiter verschwunden zu seyn schien; als ich ihn aber plötzlich wieder, ohne ihn zu sehen, vor mir hersprengen hörte, war es, als wollten mir meine Glieder die Dienste versagen, ein Fieberfrost durchrieselte mich, und mein Pferd wurde höchst unruhig; was aber die Unheimlichkeit noch mehr vermehrte, war: daß dieses unbegreifliche Wesen mir plötzlich und pfeilschnell vorüber zu sausen schien, so hörte sich das ungewöhnliche Geräusch wenigstens an, welches sich wieder allmählig verlor, um aber, wie es schien, mit erneuter Schnelligkeit zurückzukehren; es wieder hören, dicht hinter mir haben, die anscheinende Gestalt eines weißen Pferdes, mit einem schwarzen, menschenähnlichen Gebilde darauf sitzend, mir im fliegenden Galopp vorbeireiten zu sehen, war Eins; mein Brauner machte einen Seitensprung, und es fehlte nicht viel, so wären wir Beide den Damm, ohne es zu wollen, hinabgestürzt.«

Was da ein anonymer Verfasser für das „Danziger Dampfboot“ geschrieben hat, ist gar keine Sage, sondern eine Gespenstergeschichte, wie sie noch in der ersten Hälfte des 19. Jahrhunderts sehr beliebt waren. Erzählt wird von Figuren aus einer anderen, irrealen Welt, wobei es sich häufig um Tote handelt. Die Gespenstergeschichte wird erst im 18. Jahrhundert im Zusammenhang mit der Aufklärung und ihren Gegenströmungen populär. In sie wurden Vorstellungen des Aberglaubens aufgenommen, denn der Aufklärung ging es darum, die Wahrscheinlichkeit des Gespenstigen zu widerlegen und den Leser zu desillusionieren. Dazu boten die Autoren auch psychologische Erklärungsmöglichkeiten an. Mit Jean Paul, Goethe und Heinrich v. Kleist erreichte die Gespenstergeschichte literarisches Niveau; als Meister des Unheimlichen gilt E. T. A. Hoffmann.

Erstaunlich ist, dass sich Storm, obwohl er die Weichsel-Erzählung nur einmal im Alter von zwanzig Jahren gelesen hatte, fast fünfzig Jahre später noch genau an alle Einzelheiten erinnern konnte. Denn er hat nicht nur die Fabel vom gespenstischen Reiter nach der Vorlage wiedergegeben, sondern auch die in der Quelle vorliegende Rahmenstruktur in seine Novelle übernommen. Bei Storm liest sich die entsprechende Stelle so:

»Jetzt aber kam auf dem Deiche etwas gegen mich heran; ich hörte nichts; aber immer deutlicher, wenn der halbe Mond ein karges Licht herabließ, glaubte ich eine dunkle Gestalt zu erkennen, und bald, da sie näher kam, sah ich es, sie saß auf einem Pferde, einem hochbeinigen hageren Schimmel; ein dunkler Mantel flatterte um ihre Schultern, und im Vorbeifliegen sahen mich zwei brennende Augen aus einem bleichen Antlitz an.

Wer war das? Was wollte der? – Und jetzt fiel mir bei, ich hatte keinen Hufschlag, kein Keuchen des Pferdes vernommen; und Ross und Reiter waren doch hart an mir vorbeigefahren!

In Gedanken darüber ritt ich weiter; aber ich hatte nicht lange Zeit zum Denken; schon fuhr es von rückwärts wieder an mir vorbei; mir war, als streifte mich der fliegende Mantel, und die Erscheinung war, wie das erste Mal, lautlos an mir vorüber gestoben. Dann sah ich sie fern und ferner vor mir; dann war's, als säh' ich plötzlich ihren Schatten an der Binnenseite des Deiches hinuntergehen.

Etwas zögernd ritt ich hinterdrein. Als ich jene Stelle erreicht hatte, sah ich hart am Deich im Kooge unten das Wasser einer großen Wehle blinken – so nennen sie dort die Brüche, welche von den Sturmfluten in das Land gerissen werden, und die dann meist als kleine, aber tiefgründige Teiche stehen bleiben.«

Ein Vergleich zwischen Quelle und Erzählung zeigt so viele Übereinstimmungen, dass man Storms nochmalige Lektüre der Weichselsage während der Vorarbeiten vermuten möchte; die Quellenlage zum Entstehungsprozess schließt das jedoch mit großer Wahrscheinlichkeit aus. Die anhaltende Wirkung, die Storm mit seiner Schilderung vom Scheitern Hauke Haiens und seiner

Nachwirkungen in den Köpfen der Nordfriesen erzielt hat, lässt sich wohl durch die außerordentlich realistische Schreibweise erklären. Der Deichgraf Hauke Haien tritt in der Novelle so plastisch hervor, dass man ihn sogar als gespenstige Erscheinung ernst nimmt, obwohl diese Version der Geschichte nur von den abergläubischen Marschbewohnern erzählt wird.

Und so haben bereits die ersten Leser von Storms Meisternovelle dafür gesorgt, dass es seit 1890 in Nordfriesland eine Schimmelreiter-Sage gibt, die sich bis heute neben den wirklichen Sagen von der Westküste Schleswig-Holsteins in vielen Anthologien behaupten kann und die nach wie vor viele Leser findet.

Storm erinnert sich beim Schreiben

Storms Novelle „Der Schimmelreiter“ ist eine kunstvoll geflochtene Rahmenerzählung, in der die Geschichte von Hauke Haien und seinem Deichbau von drei Erzählern vorgetragen wird. In dem am Schluss nicht geschlossenen äußeren Erzählrahmen berichtet ein anonymer Ich-Erzähler von einem Erlebnis aus seiner Jugendzeit. Der Anfang dieses äußeren Rahmens ist in zwei Versionen überliefert, von denen die kürzere die ältere Fassung sein muss. Im „Concept“, also in Storms Entwurfshandschrift, heißt es:

»Was ich berichten will, ist mir vor über einem halben Jahrhundert in meiner Urgroßmutter Hause, ich weiß nicht mehr ob aus dem lebendigen Munde eines Erzählers oder aus irgend einem Buche kund geworden; ich kann daher die Wahrheit der Thatsachen weder verbürgen, noch, wenn jemand sie bestreiten sollte, dafür aufstehen; nur soviel kann ich versichern, daß ich sie seit jener Zeit nie aus dem Gedächtniß verloren und wiederholt, wiewohl vergebens, nach der Quelle dieser Erinnerung geforscht habe.«

Der Erzähler berichtet von einem Erlebnis, das er etwa 50 Jahre vor der Niederschrift des Textes an einem eindeutig identifizierbaren Ort hatte, im Hause der Urgroßmutter, mit dem Storm das Haus in Husum Twiete/ Ecke Schiffbrücke meint, das der Familie seines Urgroßvaters mütterlicherseits, des Senators Joachim Christian Feddersen, gehörte. Der Erzähler ist sich nicht sicher, ob das zu Berichtende aus mündlicher oder schriftlicher Tradition stammt. Er kann die Wahrheit des Erinnerten nicht verbürgen, hebt aber hervor, dass er die Tatsachen nie aus dem Gedächtnis verloren habe und beteuert, wiederholt, aber vergeblich nach der Quelle geforscht zu haben.

Die zweite Version des Anfangs ist länger und offenbar das Ergebnis eines Erinnerungsprozesses:

»Was ich zu berichten beabsichtige, ist mir vor etwa einem halben Jahrhundert in meiner Urgroßmutter, der alten Frau Senator Feddersen, Hause kundgeworden, während ich, an ihrem Lehnstuhl sitzend, mich mit dem Lesen eines in blaue Pappe gebundenen Zeitschriften-Heftes beschäftigte; ich vermag mich nicht zu erinnern, ob von den Leipziger oder von Pappe's Hamburger „Lesefrüchten“. Noch fühl ich es gleich einem Schauer, wie dabei die linde Hand der Ueberachtzigjährigen mitunter liebkosend über das Haupthaar ihres Urenkels hinglitt. Vergebens habe ich seitdem jenen Blättern nachgeforscht, und ich kann daher um so weniger weder die Wahrheit der Thatsachen verbürgen, noch, wenn jemand sie bestreiten sollte, dafür aufstehen; nur so viel kann ich versichern, daß ich sie seit jener Zeit, obgleich sie durch keinen äußeren Anlaß in mir aufs Neue belebt wurden, niemals aus dem Gedächtniß verloren habe.«

Die Textelemente der ersten Fassung werden vollständig übernommen, aber um fast das Doppelte erweitert. Die intensive Erinnerung hat nämlich Klarheit über das Erlebte gebracht; das zu Erzählende wurde nicht durch mündlichen Bericht der Urgroßmutter tradiert, sondern stammt aus einer Zeitschrift, deren Titel so genau angegeben wird, dass die Spur von späteren Literaturhistorikern erfolgreich aufgenommen werden konnte. Sogar an die Farbe des Umschlags kann sich der Erzähler noch genau erinnern. Auch wird die Unsicherheit der Erinnerung („oder") in der ersten Version nun zur doppelten Bestätigung des Vorgangs, denn die Urgroßmutter ist in der Erinnerung als zärtliche Greisin präsent, die ihrem Enkel während dessen Lektüre „liebkosend" über das Haar streicht.

Dadurch erhält die Atmosphäre des Lesevorgangs etwas von jener Behaglichkeit, die für Storm eine der Voraussetzungen nicht nur für rezeptive, sondern auch für produktive Textarbeit war. Hier wird auch deutlich, daß es sich um eine Fiktion und nicht – wie immer wieder fälschlich behauptet – um einen autobiographischen Bericht handelt. Denn 1838/39, in den Jahren also, auf die der in der Erzählung genannte Zeitpunkt der Lektüre jener Gespenstergeschichte verweist, war „Frau Senator Feddersen" (1741-1829) bereits seit zehn Jahren tot.

Die Wahrheit der Tatsachen kann vom Erzähler zwar immer noch nicht verbürgt werden, doch ihre Präsenz im Gedächtnis wird durch ein zusätzliches Argument aufgewertet: Der Erzähler hat sich nicht nur – freilich erfolglos – bemüht, der Quelle nachzuspüren, er hat sie niemals aus dem Gedächtnis verloren, „obgleich sie durch keinen äußeren Anlaß in mir aufs Neue belebt wurden“. Damit wird der Erinnerung eine höhere Authentizität zugesprochen als dem schriftlichen Dokument. Diese Position des äußeren Rahmenerzählers entspricht genau derjenigen des Schulmeisters, der im inneren Erzählrahmen betont, es sei eine „Kunst“, seine Erinnerung an Hauke Haien ohne Aberglaube zu erzählen, denn die Tatsachen, von denen er dem Erzähler der zweiten Ebene so erzählt, wie er „sie nach bestem Wissen nur berichten konnte“, stammen ausschließlich aus einander zum Teil widersprechenden mündlichen Traditionen.

Dieser intensive Erinnerungsprozess, vom dem der äußere Rahmenerzähler Zeugnis ablegt, hat nun aber nicht dazu geführt, dass Storm sich zunächst ein vollständiges Konzept seiner Novelle bereitgelegt hätte, um dann mit der chronologischen Niederschrift aller Szenen zu beginnen. Der Textbefund des „Concepts“ und die autobiographischen Zeugnisse zeigen, dass dem Verfasser zwar bei Schreibbeginn die Fabel des Ganzen klar vor Augen gestanden hatte, dass ihm aber Details bis in die Schlussphase des Schreibprozesses noch unklar gewesen sein müssen. Wie hat er aber mit der Niederschrift der Erzählung begonnen?

Ein Blick auf das Fragment der „Sylter Novelle“, das der Dichter in der Anfangsphase seiner Arbeiten am „Schimmelreiter“ im August 1887 während eines Aufenthaltes auf der Insel Sylt nach einer mündlichen Erzählung Christoph von Tiedemanns niedergeschrieben hat, weist ein ähnliches Verfahren auf. Auf sechs Blättern skizziert Storm zunächst aus dem Gedächtnis das vorher mündlich Gehörte, vermischt die fremde Erzählung mit eigenen Erinnerungen an Sagen, mit denen er seit 1844 durch seine Korrespondenz mit dem Sylter Heimatforscher und Dichter C. P. Hansen eng vertraut war, und beginnt schon auf Seite 2 der Handschrift mit dem eigentlichen Poetisieren des Stoffes, indem er einzelne Szenen ausschmückt und zur Niederschrift von Dialogen ansetzt.

Ganz ähnlich verfährt er auch beim „Schimmelreiter“. Storm beginnt mit einer einzelnen Szene, von der er sich eine anschauliche Vorstellung bildet und die er dann mit vollständigen Dialogen niederschreibt. Das „Concept“ besteht aus einer Fülle solchen Einzelszenen, die miteinander noch nicht verbunden sind und einander oft mit einigen Wörtern und manchmal ganzen Sätzen überschneiden. Es ist also allmählich zu einem Kompendium solcher Einzelszenen gewachsen, die in unterschiedlicher Genauigkeit ausgeführt sind. Erst bei der Herstellung der „Reinschrift“ hat Storm die Einzelszenen zu einem kontinuierlichen Erzählfluss zusammengestellt und noch nicht endgültig ausformulierte Einzelheiten konkretisiert. Viele Spuren im „Concept“ zeigen, dass er sie zum Teil vorher bereits zu Szenenkomplexen zusammengestellt hatte; das sind vor allem Markierungen mit rotem und blauem Farbstift (Haken, Gitter und Piktogramme), die als Hinweise für die Zuordnung der einzelnen Erzählteile gedient haben. Bei der Rekonstruktion des „Concepts“, das in seiner heutigen Erscheinung nicht mehr die ursprüngliche Reihenfolge der Blätter ausweist, hat sich dies in allen Fällen unklarer Textzuordnung bestätigt.

Im Detail wie im Ganzen erweist sich Storms Schreibprozess als außerordentlich strukturiert und zielgerichtet; der Dichter hatte von Anfang an ein klares Konzept vor Augen; dies betraf nicht nur den Stoff der Erzählung, sondern auch die Form, in die er seine Deichgeschichte kleiden wollte. Die lange Erfahrung mit Erinnerungsmotiven, die genaue Kenntnis von Rahmenstrukturen und nicht zuletzt die Meisterschaft, mit der Storm Situationen angemessen schildern konnte, ermöglichten es dem schwerkranken Autor, am Ende seines Lebens noch einmal ein Meisterwerk zu schreiben, mit dem er nicht nur die Summe seines novellistischen Schaffens zog, sondern das zugleich in Richtung Roman verweist: eine Gattung, in der er vielleicht auch noch Bedeutendes zu leisten imstande gewesen wäre, hätte der Tod dies nicht verhindert.

Du siehst ja Gespenster!

Thomas Mann erzählt uns in dem Roman „Doktor Faustus" davon, wie der Teufel dem Adrian Leverkühn leibhaftig erscheint und wie er dem erschrockenen Komponisten in seinem italienischen Domizil eine Menge Wahrheiten an den Kopf wirft, die der junge Mann gerne verdrängt hätte. Aber an keiner Stelle des Romans lässt der fiktive Erzähler Serenus Zeitblohm irgendeinen Zweifel daran, dass diese Erlebnisse seines Freundes psychologisch erklärt werden könnten, ja der Kenner des Mann'schen Œvres, der um die Spiegelungen Nietzsches in der Gestalt Adrians weiß, kann sich leicht ein Interpretationsmodell zurechtlegen, nach dem es sich bei der Erscheinung nur um Wahnvorstellungen eines an Syphilis erkranken Genies handelt.

Ganz anders in Theodor Storms Novelle „Der Schimmelreiter": Da wird am Anfang zwar nicht der Teufel bemüht, aber dem Rahmenerzähler erscheint ein Gespenst, als er bei stürmischem Wetter über den Deich reitet. Dabei handelt es sich doch um einen durch und durch nüchtern kalkulierenden Geschäftsmann, der seinen fünf Sinnen auch bei Sturm und Regen trauen kann. Dieser tatkräftige Mann sieht plötzlich einen Reiter, ganz plastisch und gefährlich nahe vorüber reiten, aber er kann ihn und sein Pferd nicht hören. Und durch diesen Widerspruch besonders aufmerksam geworden, muss er auch noch registrieren, dass der mysteriöse Reiter beim Sturz in eine Wehle keinerlei Spuren auf der Wasseroberfläche hinterlassen hat, wie er es doch von einem Wesen aus Fleisch und Blut hätte erwarten können.

Bald fragt sich der aufmerksame Leser, wieso dieser verlässliche Augenzeuge eine Erscheinung wahrnehmen konnte, die sich später in Wirtshausgesprächen als Gespenst entpuppt, an dessen Auftauchen nur einige Marschbewohner glauben. Nach Ansicht des aufgeklärten Schulmeisters ist dieser „Schimmelreiter" nur eine gehässige Erfindung übel wollender Zeitgenossen, die damit „einen tüchtigen Kerl, nur weil er uns um Kopfeslänge überwachsen war, zum Spuk und Nachtgespenst" machen wollen.

Die ganze Nacht hindurch unterhalten sich der Reisende und der Schulmeister über Hauke Haien und seinen revolutionären Deich, und im Durcheinander unterschiedlicher Berichte versucht der Erzähler die „Spreu vom Weizen" zu trennen. Damit will er ganz im Sinne seines studierten Gesprächspartners die historisch belegbaren Ereignisse des Deichbaus unter der Leitung Hauke Haiens von den Erfindungen abergläubischer Menschen trennen, die der alte Lehrer für irrational, unvernünftig oder unwissenschaftlich, nutzlos, manchmal auch unmenschlich hält, und deswegen als wertlos oder nicht gleichwertig betrachtet.

In Gesprächen, die sich um die Erzählungen des Schulmeisters ranken, wollen die beiden Männer die Frage klären, welches der unterschiedlichen Bilder, die von Hauke Haien überliefert sind, den wirklichen Ereignissen am nächsten kommt. Dabei hält der Schulmeister nicht hinterm Berg und denunziert mit seinen Kommentaren die Gegner des Deichgrafen als selbstgerechte Spökenkieker und religiöse Eiferer.

Auf die Einwendung des Reiters, er habe die Gespenster-Erscheinung doch mit eigenen Augen gesehen, bietet der Schulmeister auch dafür eine rationale Erklärung an. Danach lebt auf einem der benachbarten Marschhöfe ein alter wunderlicher Junggeselle, der bei Sturm auf den Deichen hin und wider reitet und der möglicherweise dazu sogar einen Schimmel besteigt.

Soweit, so gut, hätte Theodor Storm diese Stelle nicht gestrichen, als er kurz vor der Drucklegung der ersten Zeitschriftenfassung der Novelle eine Szene verwarf, in der ein abergläubischer Knecht des Deichgrafen seine Version von Haukes Ende erzählt. Dieser behauptet gegenüber der Ehefrau von Haukes Gegenspieler Ole Peters, er habe mit eigenen Augen gesehen, wie der Teufel den Deichgrafen geholt hat: „ein schwarzes Unding war über ihm und hielt ihn in seinen Krallen". Diese Szene stellt den Höhepunk in einem Prozess der Dämonisierung dar, durch den ein Teil seiner Gegner den Deichgrafen in den Geruch des Teufelsbündners bringen wollen.

Mit der Streichung beabsichtigte Storm nach eigenem Bekunden, den Schluss der Erzählung nüchterner zu gestalten, denn der ursprünglich vorgesehene Schluss entscheidet die extreme Konfrontation von Rationalismus und Aberglauben in der Erzählung des Schulmeisters zugunsten einer vernünftigen Begründung, die der Tradition der Aufklärung folgt.

Aber indem Storm nicht nur die theatralische Teufelserzählung des tumben Knechts streicht, sondern auch das Angebot des Schulmeisters, der für diese unrealistische Erscheinung zu Beginn des Erzählrahmens eine nüchterne Ursache nennt, hinterlässt er dem aufmerksamen Leser ein Problem: Wieso konnte der Reiter ein Gespenst sehen, das sich abergläubische Marschbewohner vor fast einem Jahrhundert ausgedacht und dann von Generation zu Generation weitererzählt haben, ohne vorher von dieser Sage je gehört zu haben?

Angenommen, Storm hat die rationale Erklärung durch den Schulmeister nicht aus Versehen gestrichen, sondern war sich durchaus bewusst, damit einen Erklärungsbedarf für den Leser zu provozieren. Dann stellt sich doch die Frage, ob der Autor wirklich erwartet hat, dass auch der Leser an die Möglichkeit glaubt, da sei ein wirklich wahrnehmbares Gespenst den Deich entlang geritten.

Zwei Jahrzehnte vor der Niederschrift seiner Meisternovelle hat Storm zwei Elegien geschrieben, mit denen er seiner drei Jahre zuvor gestorbenen Frau Constanze gedenkt. Er eröffnet das erste Gedicht mit dem bereits in der Antike bekannten Bild des Landes der Vergangenheit, in dem die Erinnerungen an Verstorbene aufbewahrt werden. Dieses Land kann man besuchen, und wenn die Erinnerungsarbeit intensiv genug ist, können liebe Menschen aus der Vergangenheit ganz plastisch vorgestellt werden. Allerdings bleiben sie Schatten, man kann sie nicht wie Orpheus seine Eurydike aus der Unterwelt zurückholen.

Angeregt wurde Storm zu seinem Gedicht im Jahre 1868 durch seine Tochter Elsabe, genannt „Ebbe", der als Kind etwas Ungewöhnliches begegnet ist.

Constanze

Längst in das sichere Land der Vergangenheit warst du
geschieden;
Nun, wie so viele zuvor, dämmerte wieder ein Tag.
Laut schon sangen die Schwalben; da neben mir krachte
das Bettchen,
Und aus dem rosigen Schlaf hob sich ein Köpfchen
empor.
„Ebbe!" so rief ich, „klein Ebbe!" – Da kniete sie schon
in den Kissen;
Aber geheimnisvoll blickten die Augen mich an.
„Ebbe?" frug sie zurück, und leis aus innerstem
Herzen
Klang's wie ein Lachen herauf: „Elschen hieß ich ja
sonst!
Wer doch nannte mich Elschen?" Da plötzlich fiel es
wie Schatten
Über das Kindergesicht; trüb sich umflorte das Aug'.
„Ja, wer nannte dich so?" – Und zögernd kamen die
Worte:
„Meine Mutter." Und still senkte das Köpfchen sich
nun.
Lange kniete sie so. Den sterblichen Augen unfaßbar
War sie dem Kinde genaht, die mich so lange beglückt.

Was dem Kind da begegnet ist, lässt sich in aufgeklärten Zeiten leicht als Traumvision erklären, eine Erinnerung an die tote Mutter, die es so in den Bann schlägt, dass der Beobachter dieser Szene an eine leibhaftige Gegenwart der Toten glauben möchte. Dass Storm aber wirklich von der körperlichen Anwesenheit der Toten überzeugt war, belegt eine der erhaltenen Gedicht-Handschriften, in der es heißt: „Stille war‘s im Gemach; in süßem heimlichen Zwiegespräch/ Einmal noch umfaßt hielten sich Mutter und Kind."

In der Erzählung „Am Kamin" diskutiert eine Gruppe gebildeter Bürger, die sich zu einem lockeren literarischen Salon zusammenfindet, über die Wirkung, die einsetzt, wenn Gespenstergeschichten erzählt werden. Die Erzählung ist in mehrfacher Hinsicht ungewöhnlich. Theodor Storm beschäftigt sich in ihr entgegen aller damals diskutierten Positionen des Realismus mit der Frage, ob Übersinnliches in die normale Erfahrungswelt hineinwirken kann. Außerdem handelt es sich um die einzige seiner Erzählungen, deren Rahmenhandlung nur aus Dialogen besteht und in der er auf jeden direkten Erzählerkommentar verzichtet hat.

Der Autor selber erklärte dazu zwanzig Jahre nach der Niederschrift in einem Brief an Gottfried Keller (1882): „Ich stehe diesen Dingen im einzelnen Falle zwar zweifelnd oder gar ungläubig, im allgemeinen dagegen sehr anheimstellend gegenüber; nicht daß ich Un- oder Übernatürliches glaubte, wohl aber, daß das Natürliche, was nicht unter die alltäglichen Wahrnehmungen fällt, bei weitem noch nicht erkannt ist."

In einer Atmosphäre, in der es sich gut gruseln lässt, werden sieben Gespenstergeschichten erzählt und jede der Erzählungen anschließend von den Anwesenden daraufhin bewertet, ob es sich um eine „echte, rechte Spukgeschichte“ handelt. Was darunter zu verstehen ist, entfaltet sich vor dem zuschauenden Leser an zwei gemütlichen Abenden am Kamin, vor dem sich eine für das 19. Jahrhundert repräsentative Lesergemeinschaft versammelt hat.

Zwei der Geschichten erzählen von Ereignissen, in denen verschiedene Personen identische Träume haben. Es scheint dafür eine gemeinsame Quelle zu geben, aber die Erzählungen werden von der Gesellschaft nicht als eigentlich gruselig akzeptiert, obwohl sich eine der beiden Geschichten als durchaus erfolgreich erweist. Denn einer der anwesenden jungen Frauen gruselt es so, dass der Sinn des Erzählabends erfüllt ist und der Salon bis zu einem späteren Termin unterbrochen werden kann.

Auch die Erzählung von einer Todesahnung, die sich erfüllt, und die vom Erzähler mit der Sage von Hel, der Göttin des Todes und der Unterwelt in der germanischen Mythologie, in Verbindung gebracht wird, kann die skeptischen Zuhörer nicht von der Möglichkeit der Existenz von Übersinnlichem überzeugen.

Besser gelingt es dem Erzähler mit einem Spuk, der sein Unwesen in der Schlafkammer treibt; ein Handwerksgeselle hört nachts zunächst das Geräusch eines Reisbesens, das ihn aber nicht wesentlich beunruhigt. Später sieht er von außen eine Gestalt hinter dem Fenster der Stube hocken: „ein Ding, ungestaltig und molkig, und guckte durch die Scheiben in den Garten hinab“.

Nun ist seines Bleibens in dem Hause nicht länger, denn was seine Augen ihm da vermittelt haben, hält er für eine wirkliche Erscheinung.

Auf den Einwand, die Erzählung habe keine Pointe, erklärt der Erzähler: „Aber ein Teil dieser Geschichten tritt eben mit dem Reiz des Rätsels an uns heran, und drängt uns, den Dingen nachzuspüren, die, wenn gleich selber längst vergangen, noch solche Schatten aus dem leeren Raume fallen lassen."

In der letzten Erzählung schließlich wird berichtet, wie die späte Mahnung eines Toten erklärt werden kann. „Man besprach die Fortexistenz der Seele nach dem Vergehen des Körpers, und endlich auch die Möglichkeit einer Einwirkung der Toten auf die Lebendigen." Ein kranker Mann hat Angst davor, nach seinem Tode seziert zu werden, weil er über den Zusammenhang von Leib und Seele in einer Weise spekuliert hat, die ihn daran zweifeln lässt, dass nach dem Tode alles vorbei sei. Er nimmt seinem Freund das Versprechen ab, dieser werde dafür sorgen, dass sein Körper nach dem Tode unangetastet bleibt. Der Freund kann es aber nicht verhindern; die Sektion hat bereits stattgefunden, als er nach der Rückkehr von einer Reise von ihr erfährt. Jahre später zwingt ihn eine innere Stimme, das präparierte Herz des Freundes dem bereits beerdigten Leichnam zurückzubringen.

Als einige Zuhörer erneut mit „Schauder" reagieren, sagt der Erzähler: „Wenn wir uns recht besinnen, so lebt doch die Menschenkreatur, jede für sich, in fürchterlicher Einsamkeit; ein verlorener Punkt in dem unermessenen und unverstandenen Raum. Wir vergessen es; aber mitunter dem Unbegreiflichen und Ungeheuren gegenüber befällt uns plötzlich das Gefühl davon; und das, dächte ich, wäre etwas von dem, was wir Grauen zu nennen pflegen."

In diesen Schlussworten des Erzähler spiegelt sich die Überzeugung Theodor Storms, über die Ferdinand Tönnies in seinen „Gedenkblättern" später berichtet: „Er neigte [...] der Ansicht zu, daß es noch unerkannte Kräfte der menschlichen Seele gebe, die hin und wieder in solchen Geschichten und Einbildungen ihr verborgenes Dasein offenbaren möchten; er sprach mir oft die Erwartung aus, dass die >Wissenschaft< noch einmal dahinter kommen müsse."

So also soll sich der Leser auch die leibhaftige Erscheinung des Schimmelreiters zu Beginn der Novelle erklären. Dieser fällt gleichsam „aus dem Land der Vergangenheit" wie ein „Schatten" in die erfahrbare Wirklichkeit. Dadurch zwingt Storm den nüchtern kalkulierenden Geschäftsmann, sich mit dem auseinander zu setzen, was ihm die Menschen im Wirtshaus von den Ereignissen in der Marsch erzählen. Und dem Leser mutet er zu, sich mit der Möglichkeit einer Erscheinung zu beschäftigen, die nicht von der Art unseres normalen Wissens aus Erfahrung ist.

Storm auf Sylt

Heute mache ich mich auf ins Südland und bin doch schon lange dort", lautet eine alte chinesische Paradoxie aus dem 3. Jahrhundert vor unserer Zeitrechnung. Sie steht im „Wahren Buch vom südlichen Blütenland" des Philosophen Dschuang Dschou und lässt sich mit dem Zusatz „in meiner Vorstellung" auflösen.

Als Theodor Storm im Sommer 1887 nach Sylt reiste, war er auch schon lange da, denn er hatte diese Reise bereits 44 Jahre zuvor geplant. Das war im Jahre 1843 gewesen, als er Sagen und andere volkskundliche Dokumente der Herzogtümer Schleswig und Holstein sammelte und Kontakt mit dem Keitumer Lehrer C. P. Hansen aufnahm. Hansen wurde zu einem der wichtigsten Beiträger von nordfriesischen Sagen, die Storm redigiert und zum Teil umgeschrieben hat. Sie bilden den Kern der 1845 in Kiel von Karl Müllenhoff herausgegebenen „Sagen, Märchen und Lieder der Herzogthümer Schleswig, Holstein und Lauenburg". Zu dieser Reise kam es aber damals nicht.

Storm hat Sylt nur ein einziges Mal besucht, nämlich knapp ein Jahr vor seinem Tod. Im August 1887 fuhr er auf Einladung von Julius Adrian Pollacsek mit seiner

Tochter Lucie auf die Insel und blieb zehn Tage. Während seines Aufenthalts hat er fast alle bedeutenden Orte aufgesucht, die Rettungsstation in Rantum, die Vogelkoje bei Kampen und die Landvogtei in Tinnum. Seine Kenntnisse von Gestalt, Topographie, Geschichte, Tier- und Pflanzenwelt der größten nordfriesischen Insel verdankte er den Schriften C. P. Hansens, von denen die meisten in seiner Bibliothek standen. Als er während seines Besuchs auf der Insel das Haus und die Sammlungen Hansens besichtigte, konnte er dessen Witwe von der engen Zusammenarbeit erzählen, die vor mehr als vier Jahrzehnten die beiden Männer als Mitarbeiter der „Volksbücher für die Herzogthümer Schleswig, Holstein und Lauenburg" miteinander verbunden hatte.

Durch diese Zusammenarbeit erweiterte der angehende Dichter seine Kenntnisse von den historischen und kulturellen Besonderheiten seiner Heimat. Die Sammeltätigkeit volksläufiger Geschichten in den 1840er Jahren lieferte vielfältige Motive und Materialien, die Storm während seiner gesamten literarischen Tätigkeit verwenden konnte. Und er machte von diesem Schatz immer wieder Gebrauch, griff auf Sagenstoffe zurück und gestaltete Erzählungen unter Verwendung traditioneller Motive aus den Herzogtümern Schleswig und Holstein bis in die letzte Phase seiner schriftstellerischen Aktivitäten, in der er seine Meisternovelle „Der Schimmelreiter" schrieb. Der Heimatforscher Christian Peter Hansen fand mit seinen frühen Arbeiten Anschluss an die wissenschaftliche Volkskunde, die im deutschsprachigen Kulturraum gerade entstand. Eine Reihe bedeutender Erzählmotive aus dem nordfriesischen Kulturraum wurden auf diese Weise zum gemeinsamen Überlieferungsschatz hinzugefügt.

Auch während Storms spätem Aufenthalt auf der Insel gab es einen literarischen Anstoß. Während eines Ausflugs nach Wenningstedt erzählte ihm sein Freund Christoph von Tiedemann eine dramatische Geschichte von Sylter Strandräubern, die den Dichter zu einer Novelle anregte, von der er gleich Tags darauf einige Abschnitte skizzierte. Es wäre die düsterste Erzählung Storms geworden, in der zum Schluss ein junger Seemann vom eigenen Großvater erschlagen wird. Hauptschauplatz der „Sylter Novelle" sollten der Strand und die Dünen zwischen Westerland und Wenningstedt sowie die alte Landvogtei in Tinnum sein. Storm hat den Plan aber nicht mehr ausführen können, weil er nach seiner Rückkehr von der Insel am „Schimmelreiter" weiter arbeitete und nach dessen Vollendung verstarb.

Unter den Bekannten, die er auf der Insel traf, war unter anderen ein bedeutender Vertreter des politischen Lebens im Deutschen Reich: Christoph Willers von Tiedemann, ein aus dem Meggerkoog südlich von Friedrichstadt stammender Beamter und Politiker. Nach dem Besuch des Gymnasiums studierte er Jura und Volkswirtschaft in Kiel, Leipzig und Berlin und arbeitete nach dem Examen zunächst als Rechtsanwalt in Segeberg. 1864 ließ er sich zum Landvogt von Stapelholm ernennen, im gleichen Jahr, in dem Storm Landvogt in Husum geworden war. In der regionalen Nähe entstand auch ihre Freundschaft, in die mehrere Generationen der Familien einbezogen waren. 1865 wurde Tiedemann zum Polizeimeister der Stadt Flensburg ernannt, später war er

Landrat von Mettmann und wurde bald danach Reichstagsabgeordneter. Im Jahre 1878 beauftragte Reichskanzler Otto von Bismarck ihn mit der Organisation der Reichskanzlei, deren erster Chef er wurde. Ein paar Jahre später wechselte er als Regierungspräsident ins westpreußische Bromberg, wo er bis 1899 blieb.

Da Storm mit Tiedemann mehr als zwanzig Jahre in enger Beziehung stand, kann angenommen werden, dass der Dichter durch diesen Freund eine Menge Informationen erhalten hat, die anderen verschlossen blieben. Storm war durch solche Kontakte über Einzelheiten, aber auch über Atmosphärisches aus dem Zentrum des neu gegründeten Deutschen Reichs besser informiert, als man es bei seinem Leben in der provinziellen Abgeschiedenheit der preußischen Provinz Schleswig-Holstein annehmen kann. Deshalb hat er von seinem Freund Tiedemann gewiss mehr für seine literarischen Arbeiten profitiert, als es die Anregung und der Stoff für ein nie vollendetes Novellenfragment vermuten lässt. Hier eröffnet sich ein weites Feld für zukünftige Spezialuntersuchungen der Stormschen Novellistik.

Neben Tiedemann, dessen Schwester mit Adrian Pollacsek verheiratet und dessen Sohn ein Patenkind Storms war, traf der Dichter auf Sylt auch mit der Familie seines Berliner Verlegers Elwin Paetel zusammen. So bildeten die Gäste gemeinsam mit Storms Begleiter, Ferdinand Tönnies, und weiteren alten und neuen Bekannten eine unternehmungslustige Gesellschaft, die in wechselnder Zusammensetzung alle wichtigen Orte der Insel erkundete, gemeinsam essen ging und an geselligen Veranstaltungen teilnahm.

Am Sonntag, dem 14. August 1887, verließ eine kleine Reisegesellschaft Westerland im Wagen; neben der Familie Pollacsek begleiteten Storm sein Freund Tiedemann und zwei Damen aus Hamburg. Als sich Storm auf der Uwe-Düne bei Wenningstedt den dramatischen Stoff zur „Sylter Novelle“ erzählen ließ, ereignete sich nur vier Kilometer südlich ein spektakulärer Badeunfall, der für Wochen Gesprächsstoff der Westerländer Badegesellschaft werden sollte.

Ein Kurgast aus Böhmen, so teilte die Direktion des Kurbades drei Tage später mit, war „eine erhebliche Strecke ins Meer hinausgeschwommen“. Da nach dem Sturm, der laut Tagebucheintragung Storms noch bis Freitag andauerte, eine starke Unterströmung herrschte, schaffte der Mann es nicht, ans Ufer zurückzukehren.

Der Badewärter Carl Peters eilte – unterstützt von einem mutigen Inselgast – dem Ertrinkenden angeleint zur Hilfe und warf ihm einen Rettungsring zu. Damit konnte er sicher an Land gezogen werden. Allerdings geriet nun der Oberwärter Schwensen in Lebensgefahr, der dem Badegast von der anderen Seite zur Hilfe kommen wollte, sich dabei aber „zu weit vorgewagt hatte“ und von der Unterströmung in die Nordsee hinausgezogen wurde. Eine weitere Rettungskolonne „musste ins Wasser geschickt werden“, die ihn schließlich mit Hilfe einer Rettungsstange ans Ufer ziehen konnte. Der Mann war gerettet, aber er lag in tiefer Ohnmacht. Der herbeigerufene Badearzt Dr. Lahusen, bei dem Lucie Storm in Behandlung war, konnte ihn mit Unterstützung einiger Ärzte unter den Badegästen erst nach einer halben Stunde wiederbeleben. Offenbar wurde der Badewärter bei dem Unfall erheblich verletzt, denn der Bericht erwähnt die Notwendigkeit weiterer ärztlicher Behandlung.

Großzügig spendete der gerettete Badegast 100 Mark zu Gunsten des Mannes, sehr großzügig erwies sich auch die Badegesellschaft, die bei einer sofort veranstalteten Sammlung mehr als tausend Mark zusammenbrachte. Von dem Geld erhielt der Oberbadewärter 900, der Rest von 260 Mark wurde Badewärter Peters ausgehändigt. Eine wirklich großzügige Summe, wenn man bedenkt, dass die jährliche Pension des Oberamtsgerichtsrates Theodor Storm nur etwa das Dreifache betrug.

Der Bericht stammt von Direktor Pollacsek persönlich, der nicht versäumte, am Schluss des Artikels den „rasch entschlossenen Herren, welche die Strandangestellten so wirksam unterstützten, wie auch dem gesamten Badepublikum, das so große Theilnahme für die bei dem Unfall Betheiligten bekundet hat", innigst und wärmstens zu danken. In derselben Zeitung ließ er einen Dank „Sämtlicher Badewärter" an die Herren abdrucken, die die Sammlung angeregt hatten. Natürlich hat Pollacsek sofort gehandelt und das Aufsichtspersonal am Strand verstärkt. Außerdem betont er ausdrücklich, dass „eine Gefahr durch das Baden am Sylter Badestrand absolut ausgeschlossen" sei.

Pollacsek wusste als gewiefter Unternehmer, wie er einer möglichen Kritik durch eine geschickte Öffentlichkeitsarbeit begegnen musste; am Freitag derselben Woche veröffentlichte die Sylter Kur-Zeitung eine „Bekanntmachung", die zur Beruhigung der Badegäste dienen sollte:

„Die in Veranlassung des am letzten Sonntage am Westerländer Herrenstrande stattgefundenen Unfalls sofort eingeleitete amtliche Ermittelung hat ergeben, daß die vorhandenen Rettungseinrichtungen vollkommen ausreichend waren, um das Rettungswerk erfolgreich zu vollführen, sowie daß die Rettung der beiden Nothleidenden, des Badegastes wie des Oberwärters, mit Hülfe der bezeichneten Einrichtungen bewerkstelligt worden ist. Vorstehendes wird hierdurch zur öffentlichen Kenntnis gebracht.

Nordseebad Westerland, den 17. August 1887. Der Direktor der Nordseebäder auf Sylt. Dr. Pollacsek."

Ein Denkmal für den Schimmelreiter?

Bürgersinn und Mäzenatentum haben in Husum eine lange Tradition; immer wieder hat es wohlhabende Bürger der Stadt gegeben, die Teile ihres Vermögens in Stiftungen einbrachten, aus deren Erträgen gemeinnützige Einrichtungen finanziert wurden. Auch heute gibt es noch Mäzene, und ohne ihr Engagement könnte manches Projekt zum Wohle aller nicht solche Blüten treiben, wie es in Husum schon zur Selbstverständlichkeit geworden ist. Manchmal aber machen es die Stifter oder ihre Nachlassverwalter ihren Begünstigten schwer.

Die Verwalter einer solchen Stiftung, die nach einem verstorbenen Fischgroßhändler benannt wurde, kamen eines Tages auf die Idee, der Stadt ein Denkmal zu schenken. So wurde im Schlossgang das „Rollende Fass" aufgestellt und von den Bürgern gerne als Verschönerung ihrer Stadt angenommen. Es folgten ein Mühlstein und ein „Wolkengucker", die von den Husumern ebenfalls wohlwollend aufgenommen wurden. Danach planten die Verantwortlichen, etwas für das Andenken Theodor Storms zu tun.

Auf dem Schulhof der Bürgerschule sollte ein „Pole Poppenspäler"-Denkmal aufgestellt werden. Dazu wurde der Bildhauer Karlheinz Goedtke beauftragt, eine lebensgroße Bronzefigur zu schaffen. Kindgemäß sollte sie sein und einen Bezug zur Stadt haben. Das letztere hat der Künstler überzeugend gelöst, indem er seine Figur auf eine steinerne Bank setzte, die nun am Rande des Schulhofs steht und die Bürger Husums dazu einlädt, sich neben sie zu setzen. Und kindgemäß ist sie auch, das bewiesen Schüler der dritten und vierten Klasse, als sie anlässlich der Einweihungsfeierlichkeiten das hübsche Puppenspiel „Die kleine Hexe" aufführten.

Nun kann man den Jungen auf der Bank nicht nur anschauen, sondern auch be-greifen, wie der damalige Rektor der Bürgerschule den Husumer Nachrichten erklärte. Aber haben die Stifter, der Künstler und alle diejenigen, die das Projekt unterstützten (der Schulmann hat sie vollständig aufgezählt: der Bauausschuss, das Bauamt, die Lehrer der Bürgerschule und die Eltern) auch wirklich begriffen, was da auf der Bank sitzt?

In der Zeitung von damals wird das Denkmal beschrieben: „Leicht nach vorne geneigt sitzt der bronzene Puppenspieler auf einer steinernen Bank. Die rechte Hand hält eine Puppe, die linke lädt einladend zum Platznehmen ein." Das ist also der neue Husumer „Pole Poppenspäler", der uns alle einladend einlädt! – In Storms berühmter Novelle wird von einem alten Puppenspieler erzählt, der mit seiner Familie durch die Lande fährt und sein Geld mit der Aufführung von Marionettenspielen verdient. Marionetten sind fast lebensgroße Pendelpuppen, haben also mit den Handpuppen, wie sie unsere

Bronzefigur trägt, nur den Namen gemein. Die Novelle über Paul Paulsen, der der Faszination des Marionettenspiels beinahe erliegt, gilt neben dem „Schimmelreiter" als meistgelesene Schullektüre in Deutschland. Könnte es sein, dass die Stiftungsverwalter, der Künstler, die Mitglieder des Bauausschusses, die Angestellten des Bauamtes, der Rektor, die Lehrer und die Eltern gerade bei der Behandlung von Storms „Pole Poppenspäler" nicht aufgepasst haben? Man hätte eben vorher die Schüler fragen sollen.

Zwar wiesen Vertreter der Theodor-Storm-Gesellschaft während der Einweihungsfeierlichkeiten auf diesen Irrtum hin, dezent natürlich, um nicht besserwisserisch zu erscheinen, und natürlich viel zu spät –, aber ob die Mahnung Wirkung zeitigte?

Ein paar Jahre später hatten sich dieselben Leute in den Kopf gesetzt, gleichsam als Krönung des Mäzenatentums, ihrer Vaterstadt einen Reiter zu spendieren, der auf einem Pferd durch die Stadt galoppieren sollte. Gesagt und groß in der Zeitung angekündigt: Ein Schimmelreiter-Denkmal soll her! Diesmal war man vorsichtiger und erbat sich bei der Theodor-Storm-Gesellschaft Unterstützung für den Plan. Deren Präsident aber blickte skeptisch: Einen Schimmelreiter habe es an der nordfriesischen Küste nie gegeben. Die Sage hat Storm von der Weichsel nach hier verpflanzt; und eigentlich ist der gespenstische Reiter doch eine Figur in der Fantasie Theodor Storms, also bloß eine Fiktion. Ein lebensgroßes Reiterstandbild in den Gassen von Husum sei nun wirklich unangemessen. Außerdem besitzt man doch schon ein Storm-Denkmal, die Büste im Husumer Schlosspark, die der aus Husum gebürtige Bildhauer Adolf Brütt 1898 geschaffen hat.

Diesen Argumenten schlossen sich viele der Stadtväter an. Obwohl es Stimmen gab, die auf Weimar verwiesen. Dort steht das eherne Doppelstandbild der beiden Dichter in zeitgenössischer Kleidung, über drei Meter hoch und dann auch noch auf einem zweieinhalb Meter hohen Sockel. Darauf steht: „Dem Dichterpaar Goethe und Schiller. Das Vaterland". Goethe hält den Lorbeerkranz in Händen und schaut gelassen geradeaus, Schiller mit einer Manuskriptrolle in der Linken hat das Haupt etwas angehoben und blickt nach oben. So repräsentieren die beiden in ihrer olympischen Geste die deutsche Klassik. Das tun sie seit über 150 Jahren so vorbildlich, dass sogar drei Kopien des Monuments in den USA stehen, in Cleveland, Milwaukee und in San Francisco.

Beim Eisessen am Binnenhafen habe ich eine Vision und orientiere mich an dem Reiterstandbild Friedrich des Großen, Unter den Linden in Berlin. Auf dem Sockel unseres Storm-Denkmals steht unerschütterlich der wohlgenährte Schimmel mit seinem arabischen fleischlosen Angesicht, aus dem ein Paar feurige braune Augen blitzen. Man sieht sofort, der duldet einzig und allein Hauke Haien als seinen Reiter und Herrn. Seinen Kopf hat er dem Meere zugeworfen. Der Blick des Deichgrafen schweift scharf und bedächtig nach allen Seiten, und vor seinem geistigen Auge sieht er hinter dem grünen Vorland einen neuen Koog von circa tausend Demat. Dabei denkt er: „Welch treffliches Weide- und Kornland musste es geben und von welchem Werte, wenn Alles von meinem neuen Deich umgeben sein wird!“ Unten, auf den vier Seiten des Sockels sind Bronzeplatten angebracht; sie zeigen im Osten ein Geestdorf, um dessen hohen Turm des Pastors Tauben kreisen; im Norden den Deichgrafenhof, vor dessen Kulisse Elke die Arbeit der Mägde organisiert; Massen von Deicharbeitern werden von Hauke im Süden zu größerer Arbeitsleistung angetrieben und im Westen steigen Berge von Wasser dräuend gegen den nächtlichen Himmel. Der Mond beleuchtet die Szene aus der Höhe. An einer freien Stelle ist ein Messingschild angeschraubt, darauf steht: „Dem größten Sohne Husums. Die Vaterstadt“. –

So habe ich mir das Denkmal schaudernd an einem sonnigen Nachmittag vorgestellt, aber diesmal siegte die Vernunft: Kein Reiterstandbild auf dem Husumer Pflaster, weder in der Wasserreihe noch auf dem Marktplatz, da thront schließlich schon die Tine auf ihrem Brunnen! Der Schimmelreiter bleibt ein Ideal in den Köpfen der Menschen.

Das verdross die Stiftungsverwalter und ließ sie kleinmütig werden. Nun gibt es überhaupt kein Denkmal mehr für die graue Stadt am Meer, nie wieder! – Ätsch! Auch keine streitenden Brüder in der Hohlen Gasse, wie von der Storm-Gesellschaft vorgeschlagen. Damit könnte an die Versöhnung der ungleichen Brüder Christian Albrecht und Friedrich Jovers in Storms Novelle „Die Söhne des Senators“ erinnert werden. Aber Versöhnung? – Nein. Pathos! Und wenn es sein muss, besser gar nichts. – Und warum? Weil die Stadtväter durch die Ablehnung eines kostenlosen Denkmal-Geschenks ihre Würde als potentielle Empfänger von Gaben der nordfriesischen Mäzenaten endgültig verspielt haben.

An Storms Grab

Einige Besucher legen während der Sommersaison Blumensträuße auf Storms Grab auf dem St. Jürgen-Friedhof nieder; ist es ein kurzer Gruß an den Dichter oder ein Zeichen der Verehrung und der seelischen Nähe zu Theodor Storm, den viele Leser mit dem Erzähler seiner Novellen identifizieren? Wer kann das wissen.

Theodor Storm starb am 4. Juli 1888 in seinem Hause in Hademarschen; der Leichnam wurde mit der Eisenbahn nach Husum überführt und dann am 7. Juli unter großer Anteilnahme der Bevölkerung in der Gruft beigesetzt. Wie es sich Storm gewünscht hatte, geschah dies ohne kirchliche Handlungen.

1936 beschloss der Vorstand des Gasthauses zum Ritter St. Jürgen, die Pflege des Storm-Grabes an die Stadt Husum zu übertragen. Der Lübecker Gartenarchitekt Harry Maasz lieferte einen Entwurf, der Anfang 1937 von den Stadtvertretern angenommen und dann bis Ende des Jahres ausgeführt wurde. So entstand aus der Gruft der Familie Woldsen eine Storm-Gedenkstätte. 1981 wurde die Grabstätte baulich saniert und mit der Inschrift versehen: „Erbbegräbnis der Familien Storm und Woldsen, Husum 1807-1910“.

Der Friedhof St. Jürgen ist Teil des „Gasthauses zum Ritter St. Jürgen“, eines Siechenhauses, das 1465 gegründet wurde und das im Volksmund bis heute „Kloster“ genannt wird. Das hat folgende Bewandtnis: Auf dem Gelände des heutigen Schlosses vor Husum gründete man 1494 ein Minonitenkloster, das aber im Gefolge der Reformation bereits 1527 wieder aufgelöst wurde. In das Gebäude dieses aufgelassenen Klosters zog nun das Gasthaus um. Als aber unter Herzog Adolf von Schleswig-Holstein-Gottorf das Klostergebäude für den Neubau eines Schlosses niedergelegt wurde, mussten die Siechen und ihre Betreuer wieder an den alten Platz umziehen. Immerhin errichtete man in den Jahren 1563 bis 1571 an der alten Stelle einen Neubau mit Kapelle, die nach mancher Renovierung und Erweiterung noch heute für den Gottesdienst genutzt wird. Vielleicht war die Kapelle ursprünglich sogar als zweite Stadtkirche geplant; einige architektonische Besonderheiten weisen auf solche Absichten hin.

Neben dem „Kloster“ liegt der zweite Friedhof der Husumer, die zunächst ihre Toten in und um die Marienkirche begruben. Dann aber reichte der Platz auf dem Kirchhof nicht mehr aus, und man musste außerhalb der Stadt eine neue Begräbnisstätte anlegen. Man wählte dazu den Bereich östlich der Stadtgrenze und legte dort, wo auch das Haus des Scharfrichters stand, einen neuen Begräbnisplatz an.

Die mächtige Grabstätte der Familie Woldsen wurde von Storms Urgroßvater, Friedrich Woldsen, Anfang des

19. Jahrhunderts errichtet. Als nämlich die alte gotische Marienkirche abgebrochen wurde (1807/08), mussten auch die dortigen Begräbnisplätze geräumt werden. Friedrich Woldsen kaufte die neue Begräbnisstätte für 100 Mark und ließ ein Gruftgewölbe errichten, dessen oberirdischer Teil aus alten Grabplatten vom Abriss der Marienkirche besteht. Es ist derselbe Friedrich Woldsen, der auch das spätere Elternhaus Storms in der Hohlen Gasse für seinen Sohn Simon Woldsen erbauen ließ. Er war gemeinsamer Urgroßvater von Theodor und Constanze Storm, da die Großmutter der beiden Schwestern aus der Woldsen-Familie stammt. Zwischen 1810 und 1910 fanden hier 35 Mitglieder der Familien Woldsen und Storm ihre letzte Ruhestätte. Hier wurden auch die Frauen des Dichters, Constanze und Dorothea, begraben, Constanze 1865 und Dorothea 1903.

Unmittelbar nach Constanzes Tod schrieb der Dichter den ergreifenden Gedichtzyklus „Tiefe Schatten“: „In der Gruft bei den alten Särgen/ Steht nun ein neuer Sarg,/ Darin vor meiner Liebe/ Sich das süßeste Antlitz barg.“ Und ein paar Strophen weiter heißt es: „Doch frag ich dann: Was ist das Glück?/ So kann ich keine Antwort geben/ Als die, dass du mir kämst zurück,/ Um so wie einst mit mir zu leben.“

Ob er je darüber nachgedacht hat, warum sie ihn so früh verlassen musste? Natürlich hat er damit rechnen müssen, dass sie die Geburt eines Kindes nicht überlebt, das mussten alle Familienväter im 19. Jahrhundert. Constanze starb nach der Geburt ihres siebten Kindes, nach 12 Schwangerschaften in zwanzig Jahren. Ein Foto, das sie nicht lange vor ihrem Tod mit den beiden jüngsten

Töchtern zeigt, lässt das Gesicht einer verbrauchten Frau erkennen. Von Storm selber weiß man, dass es Warnsignale gegeben hat, längere Schwächephasen nach den Entbindungen, Warnungen der Ärzte, die er aber ignoriert hat: „Ich bin eine sinnliche Natur!" Verbraucht hat er sich auch, aber das war zwanzig Jahre nach Constanzes Tod. Sein Photo zeigt uns einen 69jährigen Greis, den man – wäre es einer unserer Zeitgenossen – mindestens für 90 halten würde. Aber da hatte ihn der Magenkrebs bereits an die Schwelle des Todes getrieben.

Die steinernen Bänke hinter der Grabanlage laden dazu ein, im Schatten der hohen Linden für einen Augenblick zu verweilen. Dann gehen die Gedanken der Besucher zurück in die Zeit, in der Storm seine großen Gedichte und Novellen schrieb. Einmal hat der Dichter davon erzählt, wie er selber in die Tiefen der Grabanlage hinab gestiegen ist. In diesem Fall sind die autobiographischen Bezüge so offenbar, dass man hier ruhig einmal annehmen darf, die Erzählinstanz und der Verfasser könnten eine und dieselbe Person sein.

Diese Szene spielt im Schlussteil der Novelle „Unter dem Tannenbaum", die Storm in Heiligenstadt geschrieben hat. In ihr erzählt er von einem Beamten mittleren Alters, der mit seiner Frau und ihrem zehnjährigen Sohn fern der Heimat und ein wenig einsam das Weihnachtsfest begeht. Gemeinsam mit seiner Frau erinnert sich der Erzähler an frühere Weihnachtsfeste im Kreis der großen Familie. Einen Baum haben sie in ihrer Gegend seltsamer Weise nicht auftreiben können, so dass die Festtagsstimmung etwas getrübt ist; doch ein geheimnisvoller Mann bringt zwei riesige Pakete, aus denen ein Lichterbaum und vielerlei Zierrat und Geschenke ausgepackt werden. Es handelt sich um das Überraschungsgeschenk einer der Familie verpflichteten Gutsbesitzerin. So mündet die sentimentale Erinnerung an die Heimat in ein richtiges Weihnachtsfest, in dessen Mittelpunkt der geschmückte Tannenbaum steht. Nach der überraschenden Bescherung erinnert man sich noch einmal an die ferne Heimat. Da erzählt der Vater seinem Sohn von den Vorfahren, von der Tradition der Generationen, von ihrem Leben und ihrem Tod.

Mit dem Kutscher der Familie steigt der Erzähler in die geöffnete Gruft hinab und wird sich der Vergänglichkeit des menschlichen Lebens bewusst. Er beobachtet, wie dieser alte Mann den hohen Sarg seines früheren Arbeitgebers „wie liebkosend" mit seiner Hand berührt und ergriffen spricht: „Dat is min ole Herr! Dat weer en gude Mann!"

Der Dichter entfaltet keine weltfremde Idylle, sondern beschreibt seine Wahrnehmung von Familie, in der der Einzelne sein Dasein in eine Kette der Vorfahren und der Nachwelt einordnet und erst aus dieser fest gefügten Ordnung in der Zeit die Gewissheit seiner eigenen Existenz erhält. Storm versteht sich ganz wie der Erzähler in dieser Novelle als Erbe einer Tradition, die vom Fleiß und von der Tüchtigkeit mehrerer Generationen geprägt wurde. Das Haus als das eine Sinnbild dieser Tradition wird vom Vater gebaut und dient dem Sohn und dem Enkel als sichere Behausung; der Sohn bewährt sich zunächst in der Fremde und lernt die Welt kennen, dann kehrt er nach Hause zurück und wirkt tätig in der Heimat. Zwar stirbt der Vorfahre, der das Haus gebaut hat, doch sein Werk lebt weiter im Sohn, der eben in diesem Sinne des Vermächtnisses seines Vaters schaffend tätig ist und diese Tradition auf seinen eigenen Sohn vererbt.

„Wohldenkend" und „angesehen" waren diese Männer, und sie haben „ihr Vermögen auf mannigfache Weise ihren Mitbürgern zugute kommen" lassen. Das Verhältnis zu den anderen Bürgern der Stadt wird als „das Verhältnis des gegenseitigen Vertrauens" bezeichnet. Zu diesem Idealbild eines schöpferisch tätigen Bürgertums gehört aber auch das, was „in dic Tiefe" gebaut wurde: Neben das Haus tritt als zweites Symbol die Familiengruft, die die Toten beherbergt. Auch sie sind Teil des Lebens, als Erinnerung für die noch Lebenden nämlich und als Vorbilder für ihr Tun. Es ist aufschlussreich, dass der Erzähler sagt: „Und seltsam, da ich das inne ward, dass ich fort musste, mein erster Gedanke war, ich könnte dort den Platz verfehlen."

Der Verlust der Heimat ist nicht nur der Verlust des Hauses, der Behausung, sondern auch der Verlust des Grabes. Und das kann doch nur so gedeutet werden, dass Storm erst im vollendeten Leben den ganzen Sinn seines Daseins zu erblicken vermochte. Zwar schreckt der Tod in seiner Ungewissheit und Unerklärbarkeit; aber er ist doch zugleich ein Teil des Lebens. Mit ihm endet das Leben des Einzelnen, doch das, was sein Wesen ausmacht, lebt fort in der Tradition der Familie und in ihrer Erinnerung.

Und das ist der Schlüssel zum Verständnis dieses Novellenschlusses. Storm sieht den Sinn des Lebens ganz allein im tätigen Leben selbst. Jeder hat sich zu der guten Tradition zu bekennen, in die er von Geburt gestellt ist.

Er ist aber dieser Tradition auch verpflichtet und hat sich zu bewähren. Das Gelingen und das Misslingen solcher Bewährungen schildert der Dichter in seinen Novellen am Beispiel der Lebenswege seiner Helden. Und dass der Weihnachtstag inmitten dieses Lebens eine so große symbolische Bedeutung erlangen konnte, wird deutlich, wenn man sich an diesem Tag im Kreise der Familie an die Vergangenheit erinnert, aber zugleich mit seinem tätigen Wirken für die Kinder schon auf die Zukunft verweisen kann.

Moin Moin!

„Frisia non cantat", sagt man, in Friesland wird nicht gesungen. Ob dieser Satz wirklich wahr ist, kann ich nicht entscheiden; zumindest einige Friesen hört man in Shanty-Chören singen, und „Storms Chor von 1843" erfreut sich bis zum heutigen Tage eines großen Zulaufs von Husumer Stimmgewaltigen. Aber dass die Nordfriesen von wortkarger Art sind, davon könnte ich ein Lied singen.

Da auch dieser Menschenschlag nicht verhindern kann, dann und wann von geschwätzigen Nicht-Friesen angesprochen zu werden, hat er ein sehr schönes Wort erfunden – ein Mittel gewissermaßen, mit dem er sein Gegenüber in jeder Situation entwaffnen kann. Und so funktioniert der taktische Einsatz dieses Abwehrzaubers: Zunächst lässt der Angesprochene die Gegenseite reden und scheint ruhig zuzuhören; dann antwortet er mit einem knappen „na", indem er seine Stimme anhebt, und überlässt das Reden wiederum dem anderen. Natürlich kann der sonst so Mundfaule diesem Partikel verschiedene Betonungen geben und dadurch eine Fülle von Reaktionen ausdrücken. „Na" kann bedeuten „Aha!",

„Wirklich?", „Was du nicht sagst!", „So, so!", „Das glaubst du doch selbst nicht!", „Nun mach mal halblang!", „Oho!", „Na, na!", „Na und?" oder „Woher soll ich das denn wissen?" Und das sind nur ein paar der unendlich vielen Bedeutungsvarianten, die der echte Nordfriese dem unscheinbaren Wörtchen „Na" abgewinnen kann. Jedenfalls unterläuft er damit erfolgreich die kommunikativen Absichten der meisten seiner Gesprächspartner.

Ob das schon immer so war, weiß ich nicht, allerdings scheint die Spezies der wortgewandten Kretler heute ganz ausgestorben zu sein, von der uns Storm im „Schimmelreiter" erzählt hat. Beim Eis-Boßeln, angeblich der Nationalsport der Nordfriesen, geht es darum, eine schwere Holzkugel möglichst weit über die gefrorenen Marschwiesen zu werfen. Streiten sich nun die Mitglieder der gegnerischen Mannschaften über die richtige Auslegung der Spielregeln, so gewinnt der schlagfertigere der beiden Kretler. Und ausgerechnet Hauke Haiens Nebenbuhler, der Großknecht Ole Peters, dem seine Freunde ein lockeres Maulwerk nachsagen, unterliegt mit seinem „Gallimathias", seinem ungereimten Unsinn, dem Wortführer der Gegenpartei aus dem Geestdorfe, als dessen Vorbild man unschwer Hattstedt erkennen kann.

Übrigens, das Wort „Gallimathias" ist eines der schillerndsten in Storms Werk, das an Wortschöpfungen ja nicht gerade arm ist. Es bedeutet soviel wie verworrenes Gerede, Geschwätz, wird aus der französischen Studentensprache hergeleitet und anekdotisch mit einem Rechtsstreit über einen Hahn (gallus) in Verbindung gebracht, der einem gewissen Matthias gestohlen worden war; der lateinisch radebrechende Advokat versprach sich des Öfteren und sagte statt gallus Matthiae (der Hahn des Matthias) galli Matthias (der Matthias des Hahns); daher steht es eigentlich für Wortverdrehung. Leider trifft man solche Kretler heute nur noch selten.

Sollte der sonst wortkarge Nordfriese wirklich einmal seinen fast unerschütterlichen Gleichmut verlieren, so steht ihm ein zweites Wort zur Verfügung, mit dem er seinen aufgewühlten Gemütszustand treffend charakterisieren kann: „Au-haue-haue-ha!" Dazu fällt niemandem mehr etwas ein. Und wer dann immer noch weiter redet, gilt als „sabbelich".

Nun verdankt die Nation dem Friesen allerdings noch eine dritte sprachliche Äußerung, nämlich den Gruß „Moin!" Diese Grußformel hat sich mittlerweile von Holland die ganze Nordseeküste entlang bis ins südliche Dänemark ausgebreitet und wird auch an der Ostsee von Flensburg über Eckernförde, Kiel und Lübeck bis nach Mecklenburg verwendet. Und zwar nicht nur am Vormittag, sondern bis in den späten Abend hinein, was Ortsfremde aus dem Süden Deutschlands während der Ferienzeit mächtig irritiert.

Wohl deshalb kamen einige auf den Gedanken, es könne sich um einen friesischen Ausdruck handeln, der von dem Wort „moi" abgeleitet wurde, das „schön" bedeutet, also: „moien däi!" = Schönen Tag! – Aber weit gefehlt! „Moin stammt wohl nicht aus dem Friesischen", belehrt mich Fiete Pingel, dem ich im Nordfriesischen Institut in Bredstedt gegenübersitze. Dann erzählt er mir von den vielfältigen Vermutungen über die Herkunft des friesischen Grußes und wie sich diese Neuschöpfung immer weiter ausbreitet.

Fiete ist ein typischer Friese, blauäugig und ungeheuer groß. Und er weiß alles über die Sprachvielfalt in der nördlichsten Provinz Deutschlands. Sein Arbeitsplatz ist das „Nordfriisk Instituut“, eine Kultureinrichtung der friesischen Minderheit, die in Bräist angesiedelt ist, so heißt die Kleinstadt Bredstedt auf Friesisch, und so steht es auf den zweisprachigen Ortsschildern.

Die Einrichtung ist in einer ehemaligen Schule untergebracht und ihre Mitarbeiter beschäftigen sich mit der Sprache der kleinsten Minderheit in Deutschland sowie mit ihrer bodenständigen Tradition. Wie viele Menschen noch die verschiedenen friesischen Dialekte auf Sylt, Föhr und dem Gebiet um Risum-Lindholm sprechen, weiß nicht einmal der Direktor des Nordfriesischen Instituts, Professor Thomas Steensen, genau zu sagen. So um und bei 10.000 Menschen werden es vielleicht noch sein. Die Fachleute unterscheiden das Inselnordfriesische, dessen drei Dialekte auf den Inseln Sylt (Söl'ring), Föhr und Amrum (Fering-Öömrang) und Helgoland (Halunder) gesprochen werden, vom Festlandnordfriesischen, von dem es heute noch sechs Dialekte gibt, das Wiedingharder Friesisch, das Bökingharder Friesisch (Mooring), das Karrharder Friesisch, das Nordergoesharder und das Mittelgoesharder Friesisch sowie das Halligfriesisch.

Die Dialekte des Festlandes und der Inseln unterscheiden sich deutlich, da sie in unterschiedlichen Jahrhunderten von friesischen Einwanderern geprägt wurden. Dazu kommen Einflüsse der benachbarten Sprachen auf die einzelnen Dialekte. Auf Sylt, Föhr und Amrum sowie im nördlich Teil des nordfriesischen Festlandes lässt sich ein stärkerer jütischer Einfluss auf die Mundarten feststellen, auf dem übrigen Festland und auf Helgoland ist der Einfluss des Niederdeutschen stärker. Auch standen die einzelnen Dialektgebiete untereinander nur in recht lockerem Kontakt, sodass kaum Ausgleichsmundarten entstehen konnten. In Nordfriesland hat es nie einen kulturellen Mittelpunkt gegeben, dessen Dialekt sich zu einer Leitmundart hätte entwickeln können. An vielen Schulen der Region lernen die Schüler aber weiterhin Friesisch, und einmal im Monat gibt es in den „Husumer Nachrichten" eine Seite mit Reportagen in plattdeutscher und in friesischer Sprache.

Die Gegend nördlich und südlich der heutigen Grenze zwischen Dänemark und Deutschland – früher der nördliche Teil des Herzogtums Schleswig – ist sprachlich gesehen das kurioseste Gebiet Deutschlands, denn hier werden fünf Sprachen gesprochen. Neben dem Friesischen, einer nordgermanischen Sprache, sind das Sønderjysk (das ist der nordschleswigsche Dialekt des Dänischen) und Reichsdänisch, Plattdeutsch und Hochdeutsch. In den erst posthum veröffentlichten Memoiren des expressionistischen Malers Emil Nolde, der als Emil Hansen im August des Jahres 1867 in einem Dorf namens Nolde das Licht der Welt erblickte, heißt es zu diesem Thema: „Meine Umgangssprache der Kinderzeit war Plattdänisch, die Schulsprache Hochdeutsch, der Religionsunterricht Hochdänisch, die Verkehrs- und Marktsprache Plattdeutsch." (Mein Leben, Köln 1993, S. 21.)

Das Dorf Nolde liegt heute in Dänemark, gehörte aber bis 1920 zu Deutschland, da das ganze Herzogtum Schleswig nach dem Sieg Preußens und Österreichs im Krieg von 1864 von Dänemark abgetrennt, ein paar Jahre später zunächst zur preußischen Provinz gemacht und schließlich Teil des ebenfalls auf einen militärischen Sieg gegründeten Deutschen Reichs wurde. Nordschleswig wurde erst 1920 nach einer Volksabstimmung vom Völkerbund wieder Dänemark zugesprochen und beherbergt als Sønderjylland bis heute eine deutschsprachige Minderheit, genau so wie im nördlichen Schleswig eine dänische Minderheit zu Hause ist. Im Grenzgebiet sprechen noch viele Menschen vier Sprachen, einige wenige, die sich friesisch fühlen, sogar fünf.

Das Friesische war bereits zur Zeit von Storms Geburt nördlich von Husum in der Hattstedtermarsch fast völlig ausgestorben; die dänische Sprache spielte in Kirche und Verwaltung eine untergeordnete Rolle und das Sønderjysk wurde gerade durch die Maßnahmen nach Norden zurückgedrängt, mit denen Dänemark genau das Gegenteil bewirken wollte. Als nämlich 1852 nach der Wiederherstellung der alten Ordnung im dänischen Gesamtstaat scharfe Sprachreskripte erlassen wurden, die zu einer Dänisierung des gesamten Herzogtums Schleswig führen sollten, verdrängte das Plattdeutsche innerhalb von nur zehn Jahren die dänischen Sprache aus der Landschaft Angeln zwischen der Schlei und Flensburg.

Von Fiete Pingel habe ich inzwischen erfahren, wie das „Moin" aus Ostfriesland zu uns gekommen ist. Belegt ist diese Grußformel erst seit dem zweiten Jahrzehnt des 20. Jahrhunderts; in den letzten 40 Jahren breitet sie sich immer weiter nach Süden aus. Die meisten Linguisten nehmen an, dass Moin dem Angeredeten sprachökonomisch „einen Guten“ (moien) wünscht, was dann wiederum erklärt, dass „Moin“ zu jeder Tageszeit gebraucht wird. Gegen die Herleitung von Moin aus dem ostfriesisch-niederdeutschen mōj spricht allerdings die Tatsache, dass „Moin“ das einzige Wort dieser Sprache ist, das den kurzen oi-Diphthong aufweist, der aufgrund phonologischer Gesetzmäßigkeiten nicht aus -ōj- hergeleitet werden kann. Im Übrigen scheint „Moin“ eine relativ junge Sprachschöpfung zu sein, und manches spricht für die Annahme, dass es sich hier um die Übernahme und später eigenwillige Umformung eines Morjen! (Guten Morgen) preußischer Verwaltungsbeamter in Ostfriesland handelt.

Für eine Herkunft aus dem Friesischen spricht allerdings die Tatsache, dass „Moin“ als Grußformel bis in die 1970er Jahre nur in Ostfriesland, dem Emsland, Hamburg, im Oldenburgischen und in den nordfriesischen Regionen Schleswig-Holsteins sowie in Flensburg verbreitet war, während in den anderen Regionen Schleswig-Holsteins die übliche informelle Grußformel „Tach!“ verwendet wurde. Auch in Bremen und Hamburg sagen die Menschen heute schon „Moin!“ und die Mode greift immer mehr um sich, selbst im Niedersächsischen. Und in den letzten Jahrzehnten hat sich das Moin in Skandinavien (auf dänisch mojn) so stark durchgesetzt, dass es heute dort meist als typisch Sønderjysk gesehen wird. Auch nordschleswigsche Sprecher des Reichsdänischen verwenden es.

Da der neue Gruß selbst für einsilbige Menschen recht eintönig klingt, wird er neuerdings verdoppelt und in einer Art Sing-Sang intoniert: Moin, Moin! In manchen Teilen Norddeutschlands wird den Begriffen „Moin“ und „Moin, Moin“ weiterhin eine unterschiedliche Bedeutung zugesprochen; während „Moin“ lediglich als Grußformel betrachtet wird, enthält „Moin, Moin“ zusätzlich eine gesprächsanbahnende Komponente, sozusagen eine Aufforderung zum Smalltalk oder norddeutsch „Klönschnack“. In Ostfriesland wird dagegen die Ansicht vertreten, dass derjenige, der „Moin, Moin“ sagt, einfach nur mehr Zeit hat.

Jedenfalls macht die gesungene Verdopplung des „Moin“ mehr her. Versuchen Sie es doch einmal und begleiten Sie sich am Klavier: g, es – „Moin, Moin!“

Die Friesen können also doch singen.

Editorischer Hinweis

Die Erzählung „Die Windsbraut“ wurde bereits in „Fundstück – Gesichter der Natur“ (Norderstedt 2008) veröffentlicht. Der Text wurde für dieses Buch überarbeitet.

Auf Literaturverweise wurde verzichtet; Leser, die weitere Informationen über Leben und Werk Theodor Storms suchen, werden auf der Homepage der Theodor-Storm-Gesellschaft fündig: www.storm-gesellschaft.de